Hör auf dein Herz

Über das Buch

Babykatzen ohne Mutter mit der Flasche aufziehen, mehrere tausend Hühner jährlich vor dem Schlachthaus retten, ein wildes Hunderudel im Haus bändigen, jeder Tierart auf dem Hof möglichst gerecht werden und nebenbei noch voll berufstätig sein – nicht selten bekommt die Autorin von „Hör auf dein Herz – Ein Leben mit dem Tierschutz" eine Frage gestellt: Wie schaffst du das alles bloß?
Eine Antwort versucht sie in diesem Buch zu geben, in dem sie erklärt, was ihr Antrieb ist – und dass Tierschutz eben eine Herzenssache ist.

Über die Autorin

Jennifer Breit wurde 1981 in Wolfsburg geboren, wo sie auch aufwuchs und bis zu ihrem 30. Lebensjahr lebte. Nach einem Lehramtsstudium, dass sie 2004 beendete, arbeitet sie bis heute als Lehrerin. Der Tierschutz begleitete sie von Kindesbeinen an.
2011 zog sie mit ihrem Lebensgefährten, ihren Tieren und dem Tierschutzgedanken auf ein Dörfchen im Kreis Gifhorn Dort kaufte sie einen Resthof, auf dem sie einen Lebenshof für geschundene Tierseelen eröffnete. Neben dem Tierschutz und dem Schreiben und Lesen interessiert sie sich für alles Kreative, in ihrer Freizeit malt und zeichnet sie gerne und übt sich im Gitarre und Klavier spielen.
Auf ihrem Resthof leben neben ihrem verrückten, sechsköpfigen Hundedamenrudel noch zahlreiche weitere gerettete Tiere wie Katzen, Meerschweinchen, Schildkröten, Wachteln, Tauben, Hühner und ihr Pferd Walido.

Jennifer Breit

Hör auf dein Herz

Ein Leben mit dem Tierschutz

Bibliografische Information der Deutschen Nationalbibliothek:
Die Deutsche Nationalbibliothek verzeichnet diese Publikation in
der Deutschen Nationalbibliografie; detaillierte bibliografische
Daten sind im Internet über http://dnb.dnb.de abrufbar.

Illustration: **Jennifer Breit und Vincent Kirchmann**
Fotos: **Jennifer Breit**

Herstellung und Verlag:
BoD – Books on Demand, Norderstedt

ISBN: 978-3-7347-9779-8

Inhaltsverzeichnis

Über dieses Buch (statt eines Vorwortes)

Am Tag, an dem ich beschließe, dieses Buch zu schreiben, wird mir klar, was mein Leben eigentlich von dem anderer Menschen unterscheidet. Ein inneres Drängen, eine Rastlosigkeit, die ich oft fühle, das Gefühl, helfen zu können, wo andere scheitern.

Manchmal kommt mir mein Leben so verrückt vor, dass ich an dem Tag, als ich beschließe, dieses Buch zu schreiben, so bei mir denke: Eigentlich ist es so verrückt, dass du ein Buch darüber schreiben musst.

Alles begann wohl mit meinem Umzug aufs Land – glaube ich zumindest. Vielleicht hat es auch schon viel früher begonnen. Oder es gab gar keinen Anfang, vielleicht war mein Leben schon immer so, wie es jetzt ist, und es war mir nur nicht klar. Jedenfalls kommt es mir so vor, dass sich mit meiner Flucht in ein kleines Dorf etwas verändert hat. Vorher hätte ich nie gedacht, dass ich mich irgendwann mit wirklich sonderbaren Fragen beschäftigen muss... Was ist ein Windei? Wie viele Hühner passen in einen Anhänger? Wie fängt man mitten in der Nacht eine entlaufene Schlange? Wie gibt man Katzenwelpen die Flasche? Wie kommunizieren Wachteln eigentlich? Wo schlafen Schweine am liebsten? Sind Kühe schlau? Kann man Hühner operieren? Wie lebt es sich auf einem Hof mit knapp 60 Tieren? Wie weit kann und muss Tierschutz gehen?

Obwohl mir mein Leben im Alltag natürlich völlig normal erscheint, wird mir regelmäßig vor Augen geführt, dass es das nicht ist. Eine Verrückte, die weiß, wie verrückt sie eigentlich ist, es aber trotzdem völlig normal findet, sozusagen.

Mir kommt mein Leben selbstverständlich vor, doch häufig fühle ich mich unter den Augen von anderen Menschen wie eine Außerirdische, ich werde interessiert, manchmal auch fassungslos, beobachtet. Eben ein wenig wie eine fremde Lebensform, die man mal ganz interessiert beäugen, dann aber zum Glück auch wieder „beiseite legen" kann, wenn es einem doch zu gruselig wird. Dinge, die bei mir zum Alltag gehören, wie zum Beispiel der Transport von Tausenden von Hühnern, die sonst geschlachtet worden wären, Fahrten zu ausländischen Tierschutzhöfen und die Aufzucht von Tierkindern mit der Flasche, sind Dinge, die ich meinen Mitmenschen detailgetreu erzählen muss, weil so etwas so gar nicht in ihren Alltag gehört und sie sich diese Dinge nur nach exakter Beschreibung vorstellen können.

Dieses Buch ist für diese Menschen. Damit sie alles etwas besser verstehen. Es ist aber auch für jene Menschen, die ein ähnliches Leben wie ich führen – als kleiner Mutmacher, als „Ach so geht es auch anderen – Schmunzler", als Freundschaftsgruß.

Erster Teil: Am Anfang...

1. Das Prinzip des Lebenshofs

Im Sommer 2011 ging für mich ein Traum in Erfüllung: Ich kaufte mir einen (wie ich heute finde, viel zu kleinen) Resthof. Schon vorher hatte ich drei Jahre in einem Haus gewohnt – davor nur in Mietwohnungen. Tiere waren in allen Wohnsituationen stets – und in nicht geringen Mengen – um mich herum. Die meisten waren auch schon vom Tierschutz. Mit dem Kauf meines Resthofes wollte ich mir einen kleinen Hort für mich und meine Tierfreunde erschaffen. Ich wusste, hier auf dem Land konnte ich die Artenvielfalt in meinem Haushalt auch noch erweitern, mir war klar, ich wollte gerne auch sogenannte Nutztiere auf meinem Hof beherbergen. Nun, etwas naiv war ich damals schon. Ich zog einige Monate nach meinem 30. Geburtstag in meinen Traum ein; mein Freund, mit dem ich schon einige Jahre zusammen war, zog ein paar Monate später nach. Damals glaubte ich noch, Tierschutz und „kleiner Hort für ein paar Tierfreunde" vertrüge sich gut. Erst über die Jahre, über die ich noch berichten werde, bemerkte ich, wie schnell sich ein solcher Wunsch verselbstständigen kann; wie sehr so ein Hof plötzlich gar nicht mehr klein und privat sein konnte, wenn man sich für Tiere engagiert. Aber dazu später mehr. Noch möchte ich mich einen Moment in dieser damaligen Seifenblase aufhalten: Ich denke an meine Vorstellung von einem Leben auf dem Lande: Ich habe ein Bild von mir im Kopf, wie ich faul zwischen meinen ganzen Tieren im Sommer barfuß auf meiner Terrasse sitze, selbst gepressten Saft (natürlich von Früchten aus dem eigenen Garten) schlürfe, von allen Teilen des Dorfes kommen friedliche Geräusche von Wild- und Haustieren, ab und an stehe ich auf und bewässere ein bisschen mein Kräuter- und Gemüsebeet.

Damals hatte ich die Vorstellung von einem kleinen Gnadenhof – fast alle meine bereits vorhandenen Tiere waren aus dem Tierschutz, und die neuen sollten es natürlich auch sein. Heute mag ich das Wort Gnadenhof nicht besonders und nenne meine kleine Tierecke lieber einen Lebenshof.

Denn den Tieren hier soll keine Gnade meinerseits zuteil werden. Sie leben hier, und das ist keine Gnade, die ich ihnen erweise, sondern etwas Selbstverständliches. Sie haben ein Recht auf ein glückliches Leben, aber so deutlich ist mir dies erst später klar geworden. Ja, die Tiere hier *leben* einfach – sie müssen keinen Nutzen haben. Das ist das witzige am Menschen, finde ich. Irgendwie muss alles – sogar Lebewesen – einen Nutzen haben. Meine Nachbarn rechts und links halten Hühner, genau wie ich. Als ich mit der Nachbarin zur linken Seite einmal ins Gespräch kam (eins ihrer Hühner war über den Zaun in meinen Garten geflattert; naiverweise ging ich davon aus, dass die Nachbarin sich die Augen ausweinen würde, wenn eins ihrer Tiere verschwunden wäre, so wie ich es tun würde, und brachte das Tier wieder zurück), erzählte sie mir, dass sie ihre Hennen alle drei Jahre „austausche" (sprich, sie landen in der Kühltruhe), wenn sie nicht mehr genug legen. Ich (die es natürlich sofort bereute, den Ausbruch der Henne gepetzt zu haben) erwiderte, dass meine Hennen bei mir alt werden dürfen und von alleine sterben, egal, wie viele Eier sie noch legen. Meine Nachbarin fragte daraufhin wirklich vollkommen baff: „Ja, aber was *macht* ihr denn dann mit den Hennen?" Meine ehrliche Antwort hätte sie vermutlich nicht verstanden, also sagte ich einfach (selbst ein bisschen überrumpelt): „Nichts."

Nichts. Aber das trifft den Kern der Sache. Die Tiere hier *müssen* nichts. Sie sind einfach.

2. Wir sind alle eins

Schon als Kind hatte ich eine tiefe, schwer zu beschreibende Bindung zu Tieren – oft kam es mir so vor, als spräche ich tatsächlich mit ihnen. Ich habe nie in Frage gestellt, dass das Leben eines Schweins oder Kamels oder einer Schwalbe oder eines Menschen mehr oder weniger wert sein soll. Als ich noch sehr klein war – ich muss noch im Kindergartenalter gewesen sein – tötete ein größerer Junge (er war in der Grundschule) absichtlich mehrere Marienkäfer. Ich rannte, entsetzt weinend, zu meiner Oma und erzählte. Sie schimpfte furchtbar mit dem Jungen (wohl mehr, denke ich heute, weil er mich zum Weinen gebrachte hatte, als wegen der Käfer). Als ich selbst im Grundschulalter war, weinte ich wiederum fürchterlich, als ich bei einem unserer Tunesienurlaube beobachtete, wie ein Mann ein Kamel auspeitschte – meine Eltern baten ihn, dies zu unterlassen, weil es mich traurig machte.

Was man nun als kindliche Sentimentalität abtun könnte, zog sich weiter durch mein Leben. Egal, wo Tiere schlecht behandelt wurden – ich hatte das Gefühl, die Angst, den Schmerz fast selbst zu fühlen. Es machte für mich keinen Unterschied, ob ein Mensch oder ein anderes Tier vor meinen Augen litt. Einmal, es muss während des Studiums gewesen sein, fuhr ich mit Gleichaltrigen über die Landstraße. Ständig rannten Mäuse vor unser Auto. Ich schrie jedes Mal:"Vorsicht!" oder „Pass auf!" Irgendwann sagte die Fahrerin etwas genervt: „Mein Gott, ist doch gut, das sind doch nur *Mäuse*." Ich schwieg völlig perplex. Mir ging es furchtbar. Zum ersten Mal in meinem Leben kam ich mir anders und ausgegrenzt vor. Ich ging ganz natürlich davon aus, dass meine Mitfahrer es genauso schlimm fänden, eine Maus (oder sogar mehrere) tot zu fahren. Ich war schockiert. Heute frage ich mich, was die Fahrerin wohl gesagt hätte, wären es Kaninchen auf der Fahrbahn gewesen – oder Füchse. Oder Rehe. Oder Hunde. Oder... Menschen? Wie

wäre ihre Reaktion ausgefallen? Sind es auch „nur"
Kaninchen? „Nur" Füchse? Wo ist die Grenze?

Lange verstand ich nicht ganz, was eigentlich in
mir vorging. Es dauerte viele Jahre, in denen ich
einfach glaubte, eben ein bisschen „speziell" zu
sein, einfach eine große Tierliebhaberin. Den größeren Sinn dahinter sah ich erst in einer Lebens-
krise, die ich mit Ende zwanzig hatte. Drei Jahre zuvor hatte ich einen großen Verlust in meinem Leben zu beklagen – die Auswirkungen zeigten sich
erst später. Außerdem litt ich zeitgleich unter einer
unerträglichen Wohnsituation. Des Weiteren lebte
mein Freund mehr oder weniger zwangsweise in
Hamburg, wir sahen uns viel zu wenig. Kurz gesagt:
Mir ging es ziemlich bescheiden. Rückblickend war
es eine sehr gute und wichtige Zeit in meinem Leben. Ich lernte mich selbst und mein Urvertrauen
neu kennen. Ich lernte, dass, egal wie schlecht es
uns geht, wir nie alleine sind. Ich brauchte zwei
Jahre, es musste sich erst entwickeln, aber ich begriff, dass wir alle immer sicher und behütet sind.
Das war für mich eine völlig neue Erkenntnis, bis-

her hatte ich nicht an eine schützende Hand geglaubt, die uns im Leben leitet.

Heute weiß ich, dass es sie gibt. Und dass ich diese Energie, die durch alles fließt, schon immer gesehen habe, auch in unseren Tiergeschwistern.

3. Was davor war

Natürlich hatte ich auch ein Leben vor diesen ganzen Erkenntnissen und meiner kleinen Tierecke. Aufgewachsen bin ich in Wolfsburg, dort lebte ich ein Leben lang in Mietwohnungen mit meinen Eltern. Tierhaltung war nicht erlaubt – nicht vom Vermieter, sondern von meinen Eltern. Nicht etwa, weil sie Tiere nicht mochten (meine Mutter zum Beispiel liebte schon immer Meerschweinchen besonders), sondern weil sie beide im Schichtdienst arbeiteten, häufig betreute mich daher auch meine Oma, und keine Zeit für Tiere da war. Mein größter Wunsch war (ich glaube, es war mein allererster Wunsch überhaupt) ein Hund. Heute verstehe ich meine Eltern. Es wäre tatsächlich Quälerei gewesen, einen Hund anzuschaffen. Ich war zu klein, um mit ihm Gassi zu gehen, und er wäre viel zu lange alleine gewesen. Rückblickend war die Entscheidung meiner Eltern also durchaus im Tierschutzsinne. Als Kind konnte ich dies natürlich nicht verstehen – ich nahm ständig meine Plüschhunde „an die Leine" und schleifte sie hinter mir her (im Übri-

gen hatte ich sowieso ein besonderes Faible für Ku-
scheltiere, mit anderen Spielsachen spielte ich eigentlich fast nie). Meinen „Hundewahn" und meine
Tierliebe habe ich, glaube ich, zum größten Teil unseren Urlaubsreisen zu verdanken, an denen ich
schon als Kleinkind teilgenommen habe. Wir flogen
mehrmals jährlich ins Ausland, ich liebte Sri Lanka,
Thailand, Malaysia, Kenya... In erster Linie wegen
der Tiere dort! Egal wo ich saß, eine der streunen-
den Katzen machte sich auf meinem Schoß breit.
Die Straßenhunde hatten regelrecht einen Narren
an mir gefressen. In Rudeln holten sie mich vom
Hotel ab und brachten mich zum Strand. Meine Eltern mussten sich nie sorgen machen, wenn ich alleine unterwegs war – schließlich wurde ich immer
von sechs bis zehn nicht gerade kleinen Straßen-
hunden begleitet. Schon damals hat mir ihr un-
glaubliches Sozialverhalten das Herz erwärmt. Keiner der Hunde hatte auch nur den Gedanken, mir
etwas zu tun. Auch die Wildtiere suchten zu mir
Kontakt – vermutlich lag es an meiner kindlichen
Naivität, dass sie sich so nah an mich heran trau-

ten. Affen fütterte ich mit Bananen und – wie ich gestehen muss – Brausebonbons. Besonders viel spielte ich mit Orang Utan Babys. Streifenhörnchen kamen, wie bei uns in Deutschland die Spatzen, zu mir auf den Frühstückstisch gehüpft und klauten sich Krümel. Vielleicht habe ich deswegen im Jugendlichenalter plötzlich eine Abneigung gegen Zoos entwickelt. Die Tiere in Freiheit standen mir noch zu sehr vor Augen, der Vergleich war betrübend.

Als ich zwölf war, ließen meine Eltern sich scheiden. Mein einziges Haustier, was mir erlaubt worden war, mein Meerschweinchen Timmi, musste schon vor einigen Jahren eingeschläfert werden. Die Trennung meiner Eltern brachte einiges mit sich: Zwar endeten die Reisen ins Ausland, aber meine Mutter sah, dass ich sehr verantwortungsbewusst war und erlaubte mir nun – endlich – die Tierhaltung. Ich startete mit Farbmäusen und Kaninchen. Später kamen Meerschweinchen, Rennmäuse, Hamster, Zebrafinken und Kanarienvögel hinzu. Ich kaufte mir Bücher vor der Anschaffung von meinem Taschengeld, las sie in rasentem Tempo und optimierte ständig die Haltungsbedingungen, wenn ich wieder eine neue Idee in einem Buch aufgeschnappt hatte. Außerdem entschied ich mich ebenfalls in meinem zwölften Lebensjahr, vegetarisch zu leben. Auf Fisch hatte ich seit meinem sechsten Lebensjahr verzichtet – bei einem unserer Urlaube am Strand hatte ich gesehen, wie relativ frisch gefangene Fische komplett gebraten wurden, der Kopf war nicht entfernt worden. Ich war entsetzt und sagte, die Fische hätten mich so vorwurfsvoll angesehen, ich könne sie nicht essen. Dass aber auch das Fleisch auf meinem Teller von Tieren stammte, wurde mir erst in der dritten Klasse bewusst. Vorher hatte ich mir gar keine Gedanken darüber gemacht, aus „was" Fleisch eigentlich besteht. Es war für mich ein Nahrungsmittel gewesen wie Kartoffeln oder Möhren. Auch über die wusste ich, als typisches Stadtkind, in der dritten Klasse nicht viel mehr, als dass man sie eben essen konnte. In besagtem Schuljahr nahmen wir aber mit unserer Klassenlehrerin im Sachunterricht das Thema „Massentierhaltung" durch. Ich muss ganz ehrlich gestehen, dass ich keine Ahnung mehr habe, was die genauen Inhalte dieser Einheit gewesen sind; mich hat eine Erkenntnis so sehr aus der Bahn geworfen, dass ich sie als einzige im Gedächtnis behalten habe: Mir wurde klar, das Fleisch auf meinem Teller, es wurde hergestellt aus meinen Tierfreunden, die ich damals schon so sehr liebte! Dass sie in der Massentierhaltung nun auch noch furchtbar gehalten wurden, spielte für mich gar keine so große Rolle – alleine die Tatsache, dass Fleisch totes Tier ist, reichte aus, dass ich mit einem Wunsch nach Hause kam: Ich möchte kein Fleisch mehr essen! Den Fischverzicht hatten meine Eltern akzeptiert – aber kein Fleisch? Obwohl sie das Leben achteten, mir schon früh erklärten, dass man Sträuchern nicht einfach Zweige abbricht oder mir zeigten, wie man Hummeln mit Grashalmen vor dem Ertrinken in Pfützen rettet – aber kein Fleisch essen, das ist doch ungesund! Nun muss man dazu sagen, dass ich 1981 geboren wurde und damals, als ich acht war, noch größere Vorurteile gegen die vegetarische Ernährung herrschten als heute. Also kann ich es meinen Eltern nicht verdenken, dass sie mich noch einige Jahre zum Fleischverzehr überredeten. Nach einiger Zeit drängte sich die schreckliche Erkenntnis, die ich in der dritten Klasse gemacht hatte, auch irgendwie in den Hintergrund meines Gedächtnisses – aber ganz vergessen habe ich es nie.

Nun ergab es sich, dass ich in meinem elften Lebensjahr - meine Eltern hatten sich wie gesagt gerade getrennt und ich lebte nur noch mit meiner Mutter zusammen -, ich war gerade in der sechsten Klasse und hatte endlich mit der Haustierhaltung beginnen dürfen, auf meiner Schule ein Mädchen kennenlernte, die Vegetarierin war (ihre große Schwester war Veganerin). Später wurden wir Freundinnen. Kaum hatte ich kurz ein paar Worte mit ihr über die vegetarische Ernährung gewechselt, waren meine Erinnerungen aus der Grundschulzeit wieder da. Ich brauchte noch einige Monate, aber in meinem zwölften Lebensjahr stand ich eines Tages auf, ging in die Küche und verkündete meiner Mutter: „Ab heute esse ich kein Fleisch mehr." Wie alle meine Entscheidungen nahm sie auch diese hin, sie wusste mittlerweile, sie kann mir in meinen Entscheidungen vertrauen. Von da an kochte sie für uns beide nur noch vegetarisch, aß selbst aber außerhalb (bei der Arbeit in der Kantine oder beim Essen gehen) noch ein Jahr lang Fleisch – dann beschloss auch sie von einem Tag auf den anderen, überhaupt kein Fleisch mehr zu essen.

Durch Jugendzeitschriften wurde ich im selben Jahr, in dem ich Vegetarierin wurde, auf die grausame Pelzindustrie aufmerksam. Ich verzichtete also auch konsequent auf Pelz und Leder. Ein paar Jahre später überredete ich meine Mutter, tierische Produkte nur noch aus „Biohaltung" zu kaufen – ich wollte auch hier die Tiere schonen und stellte mir damals, als Fünfzehnjährige, Bio-Bauernhöfe wie große Streichelzoos vor.

Als ich siebzehn war, wurde bei meiner Mutter Bronchialkrebs diagnostiziert. Eine schwere Zeit folgte. Mit Anfang zwanzig zog ich noch während des Lehramtsstudiums von Zuhause aus, blieb aber in der Nähe meiner Mutter, um ihr bei dem vielen Auf und Ab ihrer als nicht heilbar diagnostizierten Krankheit helfen zu können. Auch wegen meiner Hündin Laila zog ich nicht weit weg von meiner Mutter – sie liebte Laila so sehr, es hätte ihr das Herz gebrochen, sie nicht mehr jeden Tag sehen zu können. Gegen Ende meines Referendariats, ich war vierundzwanzig, ging meine Mutter von mir.

Auch in meiner eigenen Mietwohnung lebte ich das Prinzip der Jahre zuvor: Ich lebte vegetarisch, verzichtete auf Pelz und Leder und kaufte nur tierische Produkte aus Biohaltung. Ich glaubte, so durchs Leben zu gehen, ohne Tieren Schäden zuzufügen. Ich half Tieren und „rettete" Tiere wo es nur ging; waren meine ersten Kleintiere noch aus der Zoohandlung, führte mich mein Weg jetzt nur noch in die Tierheime, oder ich nahm „Mülltiere" auf, wie ich sie nannte; bekam ich in meiner Umgebung mit, dass Kaninchen nicht artgerecht oder Meerschweinchen einzeln gehalten wurden, schwatze ich den Menschen diese Tiere ab und nahm sie bei mir auf. Zwar hatte ich nur eine Mietwohnung, also war Gartenhaltung nicht möglich, aber die Käfige standen immer offen, so dass die Kaninchen und Meerschweinchen frei rein- und rausspringen konnten.

Als ich mit siebenundzwanzig mein erstes Haus kaufte, dachte ich, für mich und meine Tiere (neben Kleintieren hatte ich noch mehrere Katzen und meine Hündin Laila) würde ein Traum in Erfüllung gehen. Leider wurde er zum Alptraum. Vom ersten Tag war klar, dass ich einen Fehler gemacht hatte. Das Objekt war großartig, es lag in der besten Wohngegend von Wolfsburg, mein Grundstück grenzte direkt an den Park, der Wald lag nur ein Stück die Straße runter und war ideal zum Hundespaziergang. Leider war der Nachbar das, was man sich eben nicht als Nachbarn wünscht. Ein Jahr lang schwor ich mir, dass er es nicht schaffte, mich rauszuekeln (wie er es schon mit zwei Familien vor mir geschafft hatte), im zweiten Jahr wurde mir klar, dass ich kaputt ging, ich war alleine mit meinen Tieren, mein Freund Vincent wohnte gerade in

Hamburg und war nur an den Wochenenden da, und ich traute mich mittlerweile nicht mal mehr, einen Mucks in meinem eigenen Haus zu machen. Es dauerte ein weiteres Jahr, bis ich es schaffte, das Objekt wieder zu verkaufen. Und mir war klar: Das passiert mir nicht noch einmal. Ich ziehe aufs Land. Ich kaufe einen Resthof und dort habe ich meine Ruhe mit meinem Freund und meinen Tieren. Gesagt, getan. Es klappte. Der Hof war gekauft.

Doch in den folgenden Kapiteln soll es nun gar nicht mehr so sehr um mich gehen. In diesem Buch geht es nämlich eigentlich nur am Rande um mich. Es geht um ein Leben auf einem Lebenshof, um ein ländliches Leben mit Tieren. Die folgenden Kapitel gehören meinen Tierfreunden, denn hier sollen sie zu Worte kommen.

Zweiter Teil: Was dann kam

4. Ich hab da eine Futterspende...

Ich hatte mir den Resthof, den ich vermutlich kaufen wollte, bereits einmal angesehen, als ich mit meinem Freund Vincent hinfuhr, um ihm das Objekt zu zeigen. Als wir durch das Dorf fuhren, das vor dem Örtchen lag, in dem ich den Hof entdeckt hatte, sagte Vincent plötzlich: „Guck mal, da ist ein Tierheim oder so."

Ich war diese Strecke bereits zweimal zu dem Hof gefahren, aber das kleine Schild mit der Aufschrift „Tierschutzzentrum" hatte ich nicht gesehen. Im Vorbeifahren nahm ich noch kurz ein weißes Haus und eine große Rasenfläche wahr, dann waren wir auch schon vorbei.

„Pass mal auf, wenn wir den Hof kaufen, kommst du bestimmt öfter her und arbeitest mit." Ich hatte keine Ahnung, warum Vincent das sagte. Ich erwiderte nur: „Quatsch, wie kommst du denn darauf?" Und er zuckte nur schmunzelnd mit den Schultern.

Ich weiß nicht, welche Erleuchtung er in diesem Moment hatte, dass er diese Aussage mit einer solchen Sicherheit treffen konnte; ich hielt sie in diesem Moment aber – mit Verlaub gesagt – für kompletten Schwachsinn.

Genau genommen hatte ich auch genug andere Dinge im Kopf; mein altes Haus in Wolfsburg hatte ich – zum Glück! - verkauft und ich stand kurz davor, mir einen Resthof zu kaufen. Außerdem hatte ich ein wenig die Zeit im Nacken sitzen; die neuen Eigentümer würden in absehbarer Zeit in mein altes Haus einziehen und ich brauchte eine Bleibe – die, wie man sich vorstellen kann, mit so vielen Tieren (zu diesem Zeitpunkt drei Hunde, sechs Katzen und jede Menge Kleintiere) nur schwer zu finden war. Eine Mietwohnung als Übergang fiel praktisch flach – ich brauchte wieder Eigentum. Trotzdem wollte ich nichts überstürzen und womöglich das falsche Objekt kaufen und mich im Nachhinein ärgern!

Man kann sich also vorstellen, dass mir der Kopf qualmte und ich zwar interessiert registrierte, dass sich in der Nähe meines potenziell neuen Heims ein Tierheim befand, ich aber nicht weiter darüber nachdenken konnte und wollte. Außerdem konnte ich mir beim besten Willen nicht vorstellen, warum ich dort mitarbeiten sollte. Ich kannte das örtliche Tierheim in der Nähe meines alten Wohnortes und hatte dieses sogar des Öfteren besucht. Ein paar Mal hatte ich Kaninchen und Katzen von dort adoptiert, und gelegentlich ging ich vorbei, um eine Futterspende abzugeben. Häufig bekam ich nämlich von Bekannten und Freunden Futter und Leckerlis geschenkt, die ihre Tiere nicht mochten; oftmals so viel, dass ich es gar nicht alles an meine Tiere verfüttern konnte. Also brachte ich es als Spende ins Tierheim. Das Personal dort war immer sehr freundlich und ehrlich erfreut über die Spenden; auch kannten sie mich durch die Tieradoptionen. Aber mehr Kontakt hatte ich nicht herstellen können und wollen. Daher fand ich die Idee, mit diesem anderen Tierheim engeren Kontakt als den der gelegentlichen Kleintieradoptionen zu haben, sehr abwegig. Und Vincent und ich redeten auch kein weiteres Mal über das Tierschutzzentrum.

Ich verkürze hier nun etwas, aber jeder, der schon einmal Eigentum erworben hat, weiß, was nun folgte: Nachdem auch Vincent sich für den Hof ausgesprochen hatte, mussten ein Gutachter bestellt, Umzugsunternehmen verglichen, Räume abgemessen, Notarunterlagen gewälzt, Haare gerauft, Farben ausgesucht, Möbel gekauft, Altes aussortiert, viele nützliche und noch mehr überflüssige Dinge gepackt, ständige hereinschneiende Rechnungen bezahlt und letztendlich die Nerven behalten werden.

Irgendwann „wohnte" ich aber so mehr oder weniger in meinem neuen Haus; meine Möbel waren schon einige Wochen vorher in der Scheune und Garage zwischengelagert worden; ich hatte also eine ganze Weile in einem fast leeren Haus gewohnt, mit einem einzigen Umzugskarton, den ich auch häufig als meinen „Notfallkoffer" bezeichnete und in dem die nötigsten Dinge gelagert waren.

Nun saß ich wieder in einem leeren Haus. In Rekordtempo renovierten wir Küche und Schlafzimmer; Vincent wohnte noch in Hamburg, also übernahm ich das Streichen. Wenn Vincent da war, verlegte er Laminat und die Möbel bauten wir gemeinsam auf. So konnten wir dann wenigstens essen und schlafen in unserem neuen Zuhause. Eins der drei Bäder konnten wir benutzen, der Rest des Hauses lag brach. Als nächstes renovierten wir den Flur, obwohl uns alle davon abrieten und uns sagten, wir sollten diesen doch als Letztes in Angriff nehmen. In der Theorie hatten alle natürlich Recht – es war ungünstig, den neuen Boden im Flur, durch den man ja nun mal immer durch musste, beim Renovieren kaputt zu latschen. Aber wir konnten es beide einfach nicht ertragen, beim Reinkommen tagtäglich grünen Teppich und Wände in Korkoptik sehen zu müssen. Wir wollten reinkommen und uns wohlfühlen. Bis heute bin ich froh, dass wir uns so entschieden hatten.

Nach und nach nahm auch der Rest des Hauses Gestalt an. Heute weiß ich nicht mehr, wie wir es schafften, so schnell zu arbeiten. Aber wir waren beide hochmotiviert, uns ein gemeinsames Heim zu schaffen.

Eine ganze Zeit dachte ich also gar nicht mehr an das Tierschutzzentrum, das ja quasi „um die Ecke" war.

Nun ergab es sich aber, dass Vincent und ich beschlossen (nun, eigentlich beschloss ich, und Vincent akzeptierte die Entscheidung), dass wir wieder einen vierten Hund zu uns holen wollten. Ich hatte immer gesagt, dass ich gerne einen Hund aus einer ausländischen „Tötungsstation" retten wollte; trotzdem hielt ich es für klug, erstmal in Tierheimen in der näheren Umgebung zu schauen. Im Internet wurde ich nicht fündig. Im Umkreis von circa zwei Stunden Fahrt war kein Tier-heim-Hund dabei, der zu uns gepasst hätte. Nun wusste ich aber, dass die Webseiten nicht immer aktuell waren, da Tiere ja leider häufig auch ziem-lich schnell im Tierheim landeten, und ich wollte zumindest beim örtlichen Tierheim anfragen, ob nicht doch der passende Hund für uns dabei wäre. Was keine ganz leichte Aufgabe war; der Hund soll-te nicht groß sein, andere Hunde mögen, Katzen und Kleintiere tolerieren, zu Menschen freundlich und möglichst weiblich sein. Das hört sich nach ziemlich hohen Ansprüchen an, aber es war einfach unmöglich, bei uns einen Hund aufzunehmen, der zum Beispiel bissig gegen Artgenossen war. Das Aussehen spielte dafür bei mir eine ziemlich untergeordnete Rolle, auch behinderte oder „nicht so hübsche" Tiere (wie zum Beispiel mit fehlenden Körperteilen oder ähnlichem) fielen bei mir nicht aus dem Kriterienkatalog und ich hätte so einem Hund gerne ein Zuhause gegeben.

Es war Sommer, ich lebte erst seit knapp zwei Monaten auf meinem Resthof, das Wetter war an jenem Tag großartig und ich packte ein paar Hundefuttertüten, die ich mal wieder von Freunden geschenkt gekommen hatte, ein, um damit ins Tierheim zu fahren.

Von meinem Hof sind es nur drei Fahrminuten bis zum Tierheim einen Ort weiter. Ich parkte, stieg aus und ging auf den hohen Zaun zu, von dem das Gelände eingeschlossen war. Ich schaute auf die Klingeln; auf einer stand „Tierschutzzentrum", auf der anderen „Privat". Ich drückte die erste Klingel und einige Hunde stimmten ein heftiges Gebell an. Ich wartete, allerdings nicht lange. Eine junge, total nett aussehende Frau mit langen, schwarzen Haaren kam zum Tor, um mir freundlich zu öffnen. Ich erklärte, dass ich eine Futterspende abgeben wollte, und sie nahm diese an. Ich weiß nicht mehr genau, wie es weiterging, aber wir kamen kurz ins Gespräch; ich erzählte, dass ich einen Hund suchte, und sie wies mich darauf hin, dass leider momentan nicht geöffnet wäre und sie mir daher die Hunde nicht zeigen könne. Das war mir peinlich; ich hatte nicht auf das Schild mit den Öffnungszeiten geschaut und war einfach davon ausgegangen, dass das Tierheim geöffnet war, wenn jemand auf das Klingeln reagierte. Ich entschuldigte mich, und im weiteren Gespräch stellte sich heraus, dass die sympathische Frau Janina hieß und die Tierheimleiterin war. Ich war überrascht, denn ich schätzte sie so alt wie mich selbst (womit ich Recht hatte, wie sich später herausstellte) und irgendwie hatte ich mir eine Tierheimleiterin älter vorgestellt, vielleicht mit grauen Haaren und mit einem ernsten

Gesicht; außerdem hatte ich nicht erwartet, dass sie mir auch noch persönlich die Tür öffnete, in schwarzem Trägertop und khakifarbener Cargohose und mit vielen Ringen in den Ohren. Allerdings machte genau das alles sie so sympathisch, fand ich.

Ich versprach, zur Öffnungszeit wiederzukommen und natürlich tat ich dies auch. Heute glaube ich, dass es irgendwie das Schicksal wollte, dass an diesem Tag zwar mehrere Mitarbeiter da waren, aber wieder Janina sich die Zeit für mich nahm; ich hatte eine Weile warten müssen, aber schließlich zeigte sie mir alle Hunde, die sich derzeit im Tierheim befanden. Enttäuscht stellte ich fest, dass kein passender für mich dabei war. (Durch Zufall entdeckte ich aber die Kleintiervilla und so kam es, dass ich an diesem Tag zwar nicht mit einem Hund, dafür aber mit einem schwangeren Meerschwein nach Hause fuhr. Ich gesellte sie zu meiner vorhandenen Schweinchengruppe.)

Jedenfalls, der Kontakt zwischen mir und Janina war hergestellt. Außerdem lernte ich durch meine Hunde in meinem Dorf Claudia R. kennen. Ich weiß noch, ich war damals schwer beeindruckt von Claudia; sie hat fünf Hunde, unter anderem eine Dogge, und ich bewunderte sie, wie sie mit der ganzen Bande klar kam. (Ich erinnere mich noch, als Claudias Mann Matthias Vincent und mir zum ersten Mal zufällig beim Hundegassi entgegen kam. Ich sagte zu Vincent: „Schau mal! Da kommt ein Mann mit lauter so kleinen Hunden wie unsere! Und schau mal, wie toll das Pony mitläuft!" Ich wollte Vincent nicht glauben, dass das Pony auch ein Hund war, aber als Dogge Ian schließlich vor mir stand, musste ich wohl oder übel doch einlenken. Aber zu meiner Verteidigung muss ich sagen: Er ist sogar für eine Dogge unverschämt groß!) Auch Claudia hatte Kontakt zum Tierheim und sie war es auch, die mich mit zu ihrer wöchentlichen Hundegassigruppe nahm, durch die ich Heike und Gina kennenlernte. Ich war froh, Claudia, Heike und Gina (und später noch zwei grandiose Frauen, nämlich die herzliche Nannett und die tolle Sabine K.) kennengelernt zu haben, denn alle meine

Freundinnen wohnten in Wolfsburg und es ist einfach schön, auch jemanden „gleich um die Ecke" zu haben, den man gern hat. Jedenfalls, alle Frauen hatten Kontakt zum Tierschutzzentrum und so kam es, dass auch mein Kontakt zu Janina nach und nach immer enger wurde.

Rückblickend muss ich sagen: Es war ein schleichender Prozess. Dass aus dem einfachen Satz „Ich hab da eine Futterspende...", den ich damals am Tor zu Janina gesagt hatte, das werden würde, was es heute ist, hätte ich nie für möglich gehalten. Nicht nur, dass ich meine liebe Janina (und die anderen „Mädels") nicht mehr aus meinem Leben wegdenken möchte, Vincent hatte Recht behalten: Plötzlich war ich Bestandteil des Tierschutzzentrums. Zuerst half ich ehrenamtlich, wo gerade Hilfe nötig war, zum Beispiel beim Umsetzen von Babykatzen, dann nahm ich auch Pflegetiere bei mir auf, als erstes die blinde, alte und herzkranke Pekinesenhündin mit heraushängender Zunge, die so hässlich war, dass sie schon wieder niedlich wirkte und die ich Romy taufte, später noch einige weitere Tiere. Und irgendwann, eines Tages, las ich auf der Tierheim-Webseite, dass eine Aushilfe gesucht wurde. Ohne großartig darüber nachzudenken, schlug ich Janina vor, dass ich das doch machen könnte.

Ich weiß bis heute nicht, was sie von meinem Vorschlag gehalten hat. Aber sie stimmte zu. Ich wurde eingearbeitet und hatte endlich das Gefühl, Tierschutz wirklich aktiv zu leben. Anfangs bestand meine Arbeit im Tierheim zum größten Teil aus Zwinger schrubben, Tiere füttern und Hunde auf den Hof lassen. Aber natürlich besteht die Arbeit in einem Tierheim nicht nur aus Kaninchen streicheln und Katzenklos säubern. In meiner Dienstzeit übernahm ich schließlich auch das Notfallhandy und musste vierundzwanzig Stunden abrufbar sein, falls jemand ein ausgesetztes oder entlaufenes Tier gefunden hatte. Und das kam häufiger vor, als ich anfangs dachte. Auch noch heute muss ich immer wieder ich rausfahren, um streunende Hunde anzunehmen oder Babykatzen. Manchmal klingelt das Telefon auch nachts. Tatsächlich musste ich in einer Nacht sogar los und eine Schlange einfangen! Davor hatte ich furchtbare Panik, aber alles klappte gut.

Stressig ist die Arbeit im Tierheim allemal und manchmal frage ich mich, warum ich mir das neben meinen vielen eigenen Tieren, meinem anstrengenden Vollzeitjob und allen möglichen anderen wichtigen Aufgaben eigentlich auch noch „antue". Schließlich ist es nicht nur die viele Arbeit, die durch das Tierheim zusätzlich anfällt. Besonders zu Beginn war es oftmals für mich einfach frustrierend zu sehen, wie viele Menschen mit ihren Tieren umgehen. Viele Dinge hatte ich schon lange vorher mitbekommen, hatte ich doch selbst auch immer „unlieb" gewordene Tiere bei mir aufgenommen. Durch die Arbeit im Tierheim wurde ich aber noch intensiver damit konfrontiert. Die Gründe, warum einige Menschen ihre Tiere abgaben, lassen mir manchmal die Haare zu Berge stehen. Es macht mich traurig, die Tiere nach der Abgabe in Zwingern und Käfigen sitzen zu sehen. Gewiss, Tiere sind flexibel und die meisten gewöhnen sich schnell an die neue Situation. Trotzdem merke ich den meisten an, dass sie sich irgendwie von „ihren Menschen" verraten fühlen.

Ich hielt und halte mich an den positiven Dingen fest. Besonders, wenn ich Hunde, Kleintiere oder Katzenwelpen bei mir zur Vermittlung in Pflege hatte, erwärmte es mir immer wieder das Herz, wenn die Menschen, an die ich die Tiere vermittelte, mir noch lange nach der Abgabe Fotos und Mails schrieben und ich sah, wie gut es meinen ehemaligen Schützlingen geht. Mit manchen habe ich auch heute noch Kontakt.

Natürlich blieb es nicht aus, dass gelegentlich auch einmal ein Tierschutz-Tier bei mir blieb und meine tierische Familie sich so erweiterte. Jedes dieser Tiere ist einzigartig und verdient eigentlich ein eigenes Kapitel in diesem Buch, aber das würde sicher den Rahmen sprengen.
Unerwarteterweise schlich sich aber noch eine ganz andere Tierart als Hund oder Katze in mein Herz und nahm dort bald einen ziemlich großen Platz ein.

5. Käthe und die Knastis

„Auf einen Resthof gehören auch Hühner!"

Mit diesem Satz schloss ich die Diskussion mit Vincent ab, der sich noch nicht so richtig an den Gedanken gewöhnen konnte (oder wollte), dass zu unseren zahlreichen Tieren auch noch Hühner dazu kommen sollten. Dabei bot es sich so an: Auf unserem Grundstück wurden in der Vergangenheit bereits Hühner gehalten; das heißt, es gab bereits ein niedliches, mardersicheres und isoliertes Hühnerhäuschen mit dazugehörigem Auslauf. Im Häuschen waren Sitzstangen für die Nacht, Legenester und ein Futtertrog. Einstreu rein und fertig! dachte ich mir. Vincent meinte, wir würden ja noch nicht mal ein Jahr auf dem Hof wohnen und es seien erst einmal andere Dinge wichtig, die am Haus zu machen seien, aber dieses Argument ließ ich nicht gelten, schließlich ist an einem Haus immer irgendetwas zu tun. Nachdem das erste Problem (Vincents Widerwillen, Hühner anzuschaffen) mit einem Machtwort meinerseits aus dem Wege geschafft worden war, gab es nun aber ein zweites: Ich wollte gerne, dass auch meine zukünftigen Hühner „Tierschutz-Tiere" sein würden. Das Liebste wäre es mir gewesen, befreite Hennen aus der Massentierhaltung bei mir aufzunehmen. Allerdings hatte ich nicht den blassesten Schimmer, wie man denn an solche herankommen konnte (heute weiß ich es nur zu gut ...). Ich telefonierte daher mit vielen sehr bekannten Tierschutzorganisationen, von denen ich wusste, dass sie auch legale „Hühnerrettungen" durchführten. Von allen hörte ich immer das Selbe: Ja, solche Rettungen haben sie gelegentlich durchgeführt, aber leider, leider seien in der nächsten Zeit absolut keine solchen in Aussicht... Das Freikaufen von Legehennen sei etwas, was eben „nur mal ab und zu" und „in ganz seltenen Fällen" von der jeweiligen Organisation durchgeführt wird... Ich war frustriert. Nun kam mir aber – wie schon häufiger in meinem Leben – meine Redseligkeit zugute. Natürlich hatte ich schon meinem kompletten, nicht gerade kleinen Freundeskreis von meinem Hühnerwunsch erzählt.

Meine Frustration wegen mangelnden Erfolges befand sich gerade auf dem Höhepunkt, als sich beim Hundegassi mit zwei Freundinnen (und ihren dazugehörigen Hunden) ein Lichtblick auftat. Beim Supermarkt nur ein Dorf weiter hatte eine meiner tatkräftigen Freundinnen etwas für mich entdeckt.

„Da ist ein Aushang, total süß, mit so einem selbst gemalten Huhn, ich glaube von Kindern.", erklärte Heike mir. Sie lief barfuß mit uns durch den Wald und futterte gerade einen Apfel. „Da steht, die Familie muss sich schweren Herzens von ihren acht Hühnern trennen. Als Zusatz steht da noch: Nur in gute Hände abzugeben."

Ich hatte gerade etwas neidisch Lina, Heikes Australien Shepard Mix Hündin, die sie während ihres mehrjährigen Aufenthalts in Australien aus einem dortigen Tierheim adoptiert hatte, beobachtet. Lina war gerade wieder ein Bild von Gehorsamkeit, wie sie so da nebenher taperte, während meine Rasselbande wie eine neu entdeckte Naturkatastrophe wirkte, während sie wie irre durcheinander wuselten und versuchten, sich gegenseitig in Beine und Ohren zu beißen.

Jetzt aber horchte ich auf. Das klang interessant. Ich dachte mir, dass ich ja irgendwie auch eine gute Tat vollbrachte, wenn ich dieser Familie half und den Hennen ein schönes Zuhause schenkte. Nun, die meisten meiner Freundinnen sind genauso tatkräftig und spontan wie ich. Wir, also meine Freundinnen Heike und Claudia R., die ebenfalls bei dem Spaziergang dabei war, und ich holten uns nach dem Spaziergang gleich die Telefonnummer vom Supermarkt und riefen die Familie an. Tatsächlich waren sie sofort zu erreichen und auch einer sofortigen Besichtigung der Hühner stand die Familie positiv gegenüber. Zufällig wusste Claudia R. nun auch noch, wo die angegebene Straße war und – schwups, so schnell kann es gehen – saßen wir auch schon im Auto und fuhren alle drei zum Hühner gucken.

Nun, was soll man sagen? Die Familie war sehr nett. Ein Junge der insgesamt vier Kinder hatte Asthma und vertrug die Hühnerfedern nicht sehr gut, daher sollten die zweijährigen Hennen abgegeben werden. Die Familie hatte bei mir sofort ein sehr gutes Gefühl, da sie merkten, dass ich nicht der Typ bin, der sich Hühner zum Schlachten abholten würde. Die Hühner... sahen eben aus wie Hühner. Ich hatte damals noch weniger als gar keine Ahnung von diesen Tieren, ich weiß nicht einmal, ob ich jemals ein Huhn so sehr aus der Nähe gesehen hatte. Trotzdem sah ich auf Anhieb, dass das hier glückliche Hühner waren; sie hatten ein schönes Gehege, sie wurden ganz eindeutig liebevoll von der netten Familie umsorgt, sie scharrten und sahen großartig aus, die Federn glänzten in der Aprilsonne. Ich spürte aber auch, wie wichtig es der Familie war, dass es ihren Hühnern auch in der Zukunft weiterhin so gut gehen sollte. Auch Heike und Claudia R. (die sicher zu diesem Zeitpunkt auch nicht mehr oder weniger Ahnung von Hühnern hatten als ich) sahen keinen Grund, warum diese Tiere nicht bei mir einziehen sollten.

Lange Rede, kurzer Sinn, ich sagte zu. Ich erklärte, dass ich noch ein paar Tage bräuchte, um den Stall herzurichten, und wir einigten uns darauf, dass ich die Hennen am ersten Mai abholen sollte.

„Wir hatten uns darauf geeinigt, dass du nur vier Hühner anschaffst!"

Vincent schimpfte wie ein Rohrspatz, als er von meinem Plan hörte.

„Sei nicht albern!", sagte ich, während ich versuchte, meinen Zeigefinger aus der Schnute meiner Hündin Mali zu ziehen. „Diese acht Hühner gehören zusammen! Sie sind eine feste... Gruppe!" Ich hatte gezögert, denn ich wusste damals nicht, wie man das bei Hühnern eigentlich nennt. Schwarm? Herde? Nun, *Rudel*, wie bei meinen Hunden, jedenfalls nicht, das wusste ich zumindest. „Wir können sie nicht einfach trennen."

Damit war für mich auch diese Diskussion beendet. Ich hatte endlich meinen Finger befreit und konnte ihn dazu nutzen, meine Tastatur zu bedienen. Ich suchte im Internet gerade nach Infos über Hühner. Ich drehte mich ein wenig so, dass Vincent den Bildschirm nicht sehen konnte, damit er nicht merkte, dass ich gerade „Wie nennt man eine Gruppe von Hühnern?" in eine Suchmaschine eintippte.

Vincent schnaubte und murmelte beim Rausgehen irgendetwas, was sich anhörte wie „die Sturheit dieser Frau", aber als ich ihm nach ein paar Sekunden hinterherschlich, sah ich zufrieden, dass er im Garten war und das Häuschen mit Stroh für die Hühner auslegte.

Ich hatte dem ersten Mai entgegen gefiebert wie ein Kind dem Weihnachtsfest. Es waren nur ein paar Tage, aber sie kamen mir unendlich lang vor. Schließlich fuhr ich zusammen mit Vincent und ein paar Umzugskartons ins Nachbardorf, um unsere Hühner abzuholen. Die acht Hühner waren komplett unterschiedlich, das merkte ich beim Einladen; es gab zwei weiße Hennen, Berta und Jajagaga, die drei braunen Hennen Gertrud (die durch einen besonders schönen Schweif auffiel, da er sehr gefächert und hoch aufgerichtet war), Helga und Karin, die graue Henne Hilde und zwei schwarz-goldene Hennen, Daphne und Euphelia.

Berta sei die Chefin, erklärte mir die Familie, sie sei so etwas wie der Hahnersatz. Ich bekam noch ein Pulver zur Stallreinigung sowie Futter, Wasserglocken und einen weiteren Futtertrog mit. Zuhause angekommen setzten wir die Hennen in das Häuschen. Zwei Tage sollten sie darin bleiben, damit sie es als neues Zuhause akzeptierten. Ich merkte gleich beim Ausladen, dass mit der weißen Jajagaga etwas nicht stimmte. Sie war komisch, saß nur in der Ecke und erkundigte als Einzige nicht den Stall. Irgendwie schien ihr der Transport zugesetzt zu haben, ich konnte mir damals nicht erklären, wieso. Wir waren keine fünf Minuten vom Nachbardorf nach Hause gefahren und insgesamt waren die Hennen vielleicht fünfzehn oder zwanzig Minuten in den Kartons gewesen. Jedenfalls war Jajagaga auch die einzige, die am nächsten Morgen schlapp auf der Stange saß und nicht herunterkam. Als ich die Hennen am darauffolgenden Tag das erste Mal rausließ, schleppte sich Jajagaga nur in die Ecke und blieb dort liegen. Kurz darauf verstarb sie. Dies war ein trauriger Moment für mich; und ich machte mir auch Vorwürfe... Hätte ich die Hennen nicht geholt, dann wäre Jajagaga vielleicht noch am Leben... Aber ich wusste auch, dass man die Zeit nicht zurück drehen konnte und erfreute mich an den sieben verbliebenen Hennen.

Als ich damals die sieben Hennen durch mein Gehege stapfen sah, wurde mir ganz warm ums Herz – ich war so froh, alle Hennen genommen zu haben. Ich musste mir ganz ehrlich eingestehen: Ich wollte auch aus dem Grund alle Hennen nehmen, weil ich den Gedanken nicht ertragen hätte, mich ständig zu fragen, was wohl aus den Zurückgebliebenen geworden wäre. Vielleicht hätte sie jemand aufgenommen, der sie auch ganz gut versorgt hätte, aber nicht bereit gewesen wäre, auch mal mit einer zum Tierarzt zu gehen – was für mich gar keine Frage war. Und im Laufe der Jahre war es immer mal wieder nötig, mit einem Huhn zum Tierarzt zu gehen.

So ging es mir zum Beispiel mit Karin. Nachdem Helga irgendwann trotz tierärztlicher Behandlung gestorben war, erkrankte Monate später auch ihre Schwester Karin. Ich ging mit ihr zur Tierärztin und zur Tierheilpraktikerin. Insgesamt ließ ich zweihundert Euro für ihre Behandlung. Eine Nachbarin fragte mich, als sie dies hörte, völlig schockiert: „Ist dir klar, *wieviele* Hühner du dir von diesem Geld hättest kaufen können?" Dies ist eine Frage, die in meinen Augen jeglicher Diskussionsgrundlage entbehrt. Ich habe einfach eine so grundlegend andere Einstellung zu meinen Tierfreunden, dass jemand, der mich so etwas fragt, meine Erklärung sowieso nicht verstanden hätte. Karin ging es ein halbes Jahr gut, nachdem sie behandelt wurde, dann starb sie doch ganz unerwartet. Aber das Geld war es mir allemal trotzdem wert. Heute gehe ich nur noch äußerst selten mit einer meiner Hennen zum Tierarzt oder der Tierheilpraktikerin – ich weiß mittlerweile bestens über (fast alle) Hühnerkrankheiten Bescheid, habe einen sehr guten Blick dafür, wenn sich ein Huhn auch nur unwohl fühlt und kann Hühner nun selbst fast besser behandeln. Ich habe eine kleine, zum größten Teil naturheilkundliche Hausapotheke, die manchmal wahre Wunder wirkt.

Zu diesem Zeitpunkt, als ich die sieben neuen Hennen das Gehege erkunden sah, wusste ich von all diesen Dingen noch nichts und erfreute mich nur an ihrer Anwesenheit.

Nun ergab es sich, wie konnte es anders sein, dass ich einige Wochen später von meiner Freundin Janina, die Tierheimleiterin des Tierschutzzentrums im Dorf nebenan ist, eine interessante E-Mail weitergeleitet bekam; es handelte sich um einen Notruf einer Initiative, die sich „Rettet das Huhn" nannte. Es ging darum, dass diese Initiative Ex-Hochleistungs-Legehennen aus Massentierhaltungen legal (also in Absprache mit dem Betreiber) befreit und an Privatpersonen weitervermittelt. „Das ist doch was für dich!" hatte Janina mit einem Smiley über die Nachricht geschrieben. Ja, das stimmte, das war was für mich. Ich las aus der Mail heraus, dass viele Abnehmer gesucht wurden, damit möglichst viele Hennen aus Bodenhaltung vor dem Schlachter gerettet werden konnten. Unterzeichnet war die Mail von einer Frau namens Katja. Angegeben war auch eine E-mail-Adresse und eine Telefonnummer.

Ich zögerte. Genau so etwas hatte ich mir vorgestellt und gewünscht. Nun waren aber gerade vor ein paar Wochen meine großartigen Hühner bei mir eingezogen.

Ich sprach mit Vincent. Jajagaga war gestorben, und ich fragte ihn, ob es in Ordnung wäre, zwei weitere zu unseren sieben Hennen aufzunehmen. Ich hatte kein gutes Gefühl dabei, nur ein Huhn in die vorhandene Gruppe zu setzen, also wollte ich zwei aufnehmen. Überraschenderweise stimmte Vincent recht schnell zu.

Klar war, die Hennen mussten in Nordrhein-Westfalen abgeholt werden. „Rettet das Huhn" war eine sehr kleine Initiative, es war die einzige Möglichkeit, die Hennen zu bekommen. Ich wusste, ich wollte hinfahren. Und ich wusste, es gab da noch jemanden, der das sicher auch wollte.

„Willst du mit mir ein paar Hühner retten?"

Steffi schwieg am anderen Ende des Telefons ein wenig perplex. Ich hatte ihr die Frage unmittelbar gleich nach dem „Hallo" gestellt und sie war eindeutig erst etwas überrumpelt. Aber Steffi wäre nicht Steffi gewesen, hätte sie lange gebraucht, um auf eine solche Frage zu antworten.

„Klar.", sagte sie. „Wieso?"

Man muss dazu sagen, dass meine Freundin Steffi, die ich kennengelernt habe, als ich mit Anfang zwanzig mein Studium abgeschlossen hatte und vor dem Referendariat noch ein bezahltes Praktikum an einer Privatschule machte, an der Steffi zu diesem Zeitpunkt fest angestellt war, mindestens ein genauso großes Herz für Tiere hat wie ich. Auch sie hatte seit Jahren nur Tierschutz-Tiere bei sich aufgenommen. Zu dem Zeitpunkt, als ich sie anrief, beherbergte sie neben zwei Tierheimkatzen noch mehrere ehemalige Straßenhunde aus dem Ausland. Außerdem hatte sie sich, ebenfalls wie ich, gerade erst vor Kurzem wieder Hühner angeschafft. *Wieder* muss man in diesem Fall sagen, weil Steffi bereits in früheren Jahren schon einmal

Hühner besessen hatte. Steffis derzeitige Hühner waren von einem gängigen Händler – auch sie kannte nur Tierschutzorganisationen, die gelegentlich mal einmalige Hühnerrettungen durchgeführt hatten. Jedenfalls hatte sie schon einige Erfahrungen mit Hühnern (was ihr in den Anfängen meiner Hühnerhaltung gelegentlich zur bösen Falle wurde, denn ich rief sie zu fast jeder Tageszeit an, weil mir wieder irgendeine Frage über Hühnerhaltung eingefallen war) und war Feuer und Flamme bei der Idee, Hennen aus einer Massentierhaltungsanlage zu retten. Ich erklärte ihr das Prinzip der Initiative „Rettet das Huhn" und sie stimmte zu, mit mir nach NRW zu fahren („Gabriel kommt bestimmt auch mit!" frohlockte sie munter und zog so ihren Lebensgefährten von Anfang an in die Sache mit hinein). Sie wollte drei Hennen zu ihren vorhandenen dazu nehmen, ich zwei.

So telefonierte ich zum ersten Mal mit Katja, der Gründerin von Rettet das Huhn. Hätte mir jemand zu diesem Zeitpunkt gesagt, wie oft ich in den nächsten Jahren noch mit Katja telefonieren würde, ich hätte demjenigen nicht geglaubt. Ich erzählte ihr ein bisschen von Steffi und mir und wir waren gleich per Du. Katja erklärte mir, dass sie eine Hennenabnehmerin kenne, die gerne wieder zehn Hennen aufnehmen wollte, aber am Rettungstag keine Möglichkeit hatte, nach NRW zu kommen. Sie wohnte nur eine halbe Stunde Fahrt von mir entfernt und könnte die Tiere einen Tag nach der Rettung bei mir abholen. Ob ich denn die Möglichkeit sähe, die zehn Hennen für diese Abnehmerin mitzunehmen und sie für einen Tag und eine Nacht bei mir unterzubringen. Natürlich sah ich diese Möglichkeit und bot mich so gleich als Fahrgelegenheit für zehn weitere, gerettete Hennen an. Katja und ich waren uns sofort sehr sympathisch – wir waren gleich alt, hatten die gleichen Interessen und verquatschten uns an diesem Tag sofort und telefonierten über eine Stunde am Stück. Ich glaube, dieses erste Gespräch mit Katja werde ich in meinem ganzen Leben nicht vergessen – ich war baff, neben Steffi und ein paar wenigen, anderen Freundinnen noch jemanden kennen zu lernen, dem die gleiche Leidenschaft für Tiere im Blut zu stecken schien.

Es war Juni, und im August sollte die Rettung statt finden.

Ähnlich wie bei meiner ersten Hühneranschaffung war ich auch dieses Mal ziemlich aufgeregt und fieberte dem Abholtermin entgegen; allerdings regten sich bei mir auch Zweifel. War es wirklich sinnvoll, extra die weite Strecke, immerhin fast vier Stunden, nach NRW zu Katja zu fahren, nur um zwei Hennen für mich abzuholen? Bis zum Abend vor der Rettungsaktion nagten die Zweifel an mir und ich überlegte, Steffi anzurufen und sie zu fragen, ob wir die ganze Sache nicht abblasen wollten. Ich tat es nicht. Ich dachte: Gut, vielleicht wird es ein Reinfall. Vielleicht denkst du im Nachhinein: Ok, jetzt sind hier zwei Hennen mehr, aber die weite Strecke war echt ein riesiger Aufwand dafür. Aber dann ist es eben so gewesen und ich habe mal etwas Verrücktes gemacht.

So fuhren Steffi, Gabriel und ich am nächsten Tag zum Treffpunkt, den Katja uns genannt hatte.

Auf der Fahrt redeten wir über alles Mögliche, nicht nur über die Hühnerrettung. An Bord hatten wir zwei Kleintierkäfige und sicherheitshalber zwei Katzentransportboxen; Katja hatte mir erklärt, dass die Hennen möglichst luftig transportiert werden sollten. Sie riet von Umzugskartons, die mir damals die Familie aus dem Nachbardorf zur Hennenabholung empfohlen hatte, ab, da sie mit solchen schlechte Erfahrungen gemacht hatte. Nach Jajagagas Tod konnte ich mir das gut vorstellen und da sich in meiner Scheune sowieso ein Sammelsurium aus Nagerkäfigen, die sich über die Jahre angesammelt hatten, befand, stellte das Ganze auch kein Problem dar.

Während der Fahrt schaute ich viel aus dem Fenster. Ich war noch nie in NRW gewesen, und die Gegend, in die das Navi uns leitete, war wunderschön; ich schaute fasziniert auf die grünen Berge und die kleinen, urigen Dörfer, die in den Tälern dazwischen lagen. Damals ahnte ich noch nicht, dass es lange nicht das letzte Mal gewesen sein würde, dass Steffi und ich diese Strecke fuhren.

Unterwegs rief Katja einmal kurz an. Wir hatten das Ziel fast erreicht, aber Katja teilte mir mit, dass sie sich etwas verspäten würde. Sie habe ein paar Hennen mehr aus dem Stall geholt als ursprünglich geplant, daher habe sich alles ein wenig verzögert.

Als wir am Treffpunkt ankamen, waren wir etwas verunsichert. Wir befanden uns in einem der kleinen Dörfchen, die ich vom Fenster aus gesehen hatte, und fanden die angegebene Straße und Hausnummer schnell. Wir parkten in der Nähe und sahen uns ein wenig um. Von geretteten Hühnern oder anderen Menschen, die ebenfalls Hühner abholen wollten, war nirgends eine Spur zu sehen. Wir klingelten auch bei der angegebenen Hausnummer, aber niemand öffnete. Wir waren unsicher, glaubten fast schon daran, einem Scherzbold auf dem Leim gegangen zu sein; wir überlegten kurz, wieder zu fahren. Katja meinte, dass ungefähr hundert Hennen gerettet werden sollten; wir fragten uns, wo wohl die ganzen Abnehmer waren, die diese Hennen mit Nachhause nehmen sollten. Steffi meinte, wir sollten einfach noch ein wenig warten. Falls niemand kam, konnten wir immer noch fahren.

Ich spürte einen leichten Anflug von Panik. Wenn tatsächlich niemand kommen würde, wären wir die ganze weite Strecke umsonst gefahren, und es wäre ganz allein meine Schuld, weil ich nicht gemerkt hatte, dass man mich am Telefon sozusagen veräppelt hatte.

Aber meine Sorge war unbegründet. Wir warteten noch eine Viertelstunde, dann bog ein Auto um die Ecke; an der Anhängerkupplung war ein kleiner, mit einer Plane abgedeckter Anhänger zu sehen.

„Da sind doch unmöglich hundert Hühner drin..." murmelte Steffi ungläubig neben mir. Wie auch ich ging sie fest davon aus, dass dies der Hühnertransport sein musste.

Wir behielten Recht. Das Auto fuhr vor die als Treffpunkt angegebene Hausnummer. Eine hochgewachsene, hübsche junge Frau und ein Collie sprangen aus dem Auto. Plötzlich waren auch noch ein, zwei weitere Menschen da; eindeutig andere Hennenabnehmer. Ich war so aufgeregt, dass ich nicht bemerkt hatte, woher sie plötzlich gekommen waren.

Zuerst begrüßte Katja uns und öffnete dann den Anhänger. Darin waren etwas über hundert Hennen in Kleintierkäfigen gestapelt. Wir packten alle mit an und luden die Käfige aus. Steffi kamen die Tränen, als sie die gerupften, völlig verstörten Hennen sah. Mir war eher ein bisschen zum Weinen bei dem Gedanken an die Hennen, die Katja an diesem Tag nicht in Kleintierkäfigen aus dem Stall getragen hatte; die befanden sich nun nämlich schon auf einem Transport in eine alles andere als glückliche Zukunft...

Schockiert war ich weniger darüber, dass die Hennen stark gerupft waren; damit hatte ich gerechnet und diesen Anblick hatte ich erwartet. Völlig verblüfft fragte ich aber: „Warum sind die Kämme so hell?" Nicht nur die Kämme, auch alles andere an den Hühnern, was nicht befiedert war, wirkte unnatürlich hell, beinahe weiß. Ich kannte nur meine gesunden Hennen Zuhause; ihre Kämme und Ohrläppchen waren stets von einem satten, leuchtenden Rot.

Katja und Steffi erklärten mir, dass die helle „Hautfarbe" der Hennen vom Lichtmangel käme; in den Bodenhaltungsbetrieben werden die Hennen in den meisten Fällen ohne natürliches Tageslicht gehalten.

Katja fragte, ob es uns möglich war, mehr Hennen als geplant zu nehmen, da sie auch mehr gerettet hatte als ursprünglich geplant. Steffi entschied sich, vier anstatt drei Hennen zu nehmen, und auch ich stimmte zu, eine Henne mehr als geplant aufzunehmen.

So luden wir letztendlich siebzehn Hennen in Steffis Bulli ein. Wir verabschiedeten uns von Katja und machten uns auf den Heimweg.

Die Rückfahrt war um einiges interessanter als die Hinfahrt – schließlich saß ich nun neben siebzehn aufgeregten Hennen! Zuerst liefen sie alle aufgeregt durcheinander, aber ziemlich schnell wurden sie alle ganz still und schauten beim Fahren aus dem Fenster. Gerührt begriff ich, dass diese Hennen gerade zum ersten Mal die Sonne, den Himmel und Bäume sahen. Deshalb starrten sie so still und fasziniert hinaus.

Gelegentlich gab es aber dann doch eine gewisse Unruhe; immer wieder legte ein Huhn ein Ei. Wegen der Aufregung waren die Schalen der meisten Eier zu dünn. Ich hatte mich bereits schlau gelesen und erfahren, dass man solche Eier „Windeier" nennt. Die Schale ist eher gummiartig und nicht sehr fest. Sobald ein solches Windei von einer der Hennen gelegt wurde, stürzten sich praktisch alle Hennen auf dieses Ei, zerpickten es und fraßen es in rasantem Tempo. Danach legte sich die Aufregung aber gleich wieder und die Hennen schauten versonnen aus dem Fenster.

Als ich nun Zeit hatte, die Hennen etwas genauer zu betrachten, stellte ich fest, dass es vier weiße und dreizehn braune Hennen waren. Steffi schlug vor, dass wir beide jeweils zwei weiße Hennen aufnehmen könnten und dann eben noch zwei beziehungsweise ein braunes Huhn – die restlichen wären dann für Bianca, die junge Frau, für die Katja mich gebeten hatte, zehn Hennen mitzubringen. Ich hatte mit Bianca abgesprochen, dass die Hennen zwei Tage und Nächte bei mir bleiben durften, da sie es nicht eher schaffte, sie abzuholen. Ich stimmte Steffis Vorschlag zu; also wusste ich schon, dass zwei der weißen Hennen bald bei mir wohnen würden. Also musste ich mir noch ein braunes Huhn aussuchen. Die ganze Fahrt über beobachtete ich die Hennen und überlegte, welches braune Huhn wohl bald bei mir wohnen würde. Ein besonders gerupftes, fast völlig kahles und sehr schmächtiges Huhn war mir schon die ganze Zeit aufgefallen. Es rührte sehr mein Herz, aber ich dachte mir, dass es keine gute Idee wäre, ein so schwaches Huhn zu nehmen, ich hatte die Sorge, meine alten Hennen könnten es zu sehr unterdrücken. Ich entschied mich, bei unserer Ankunft ein besonders stark befiedertes, kräftiges Huhn aussuchen.

Einen kleinen Nachteil hatte der Transport der Hennen im Bulli; das Fahrzeug stank schon nach kürzester Zeit atemraubend nach Hühnerkot; zwischendurch bestand schon fast Ohnmachtsgefahr. Aber wir kamen gesund an.

Bei mir auf dem Hof packte Steffi ihre vier Hennen in ihren Käfig, dann luden wir meine und die zehn Gasthennen aus. Nachdem Steffi und Gabriel gefahren waren, setze ich die restlichen dreizehn Hennen in das Notfallgehege, das Vincent gebaut hatte. Es war nicht besonders groß, aber die Hennen hatten zumindest schon einmal mehr Platz als in dem Bodenhaltungsbetrieb, in dem sie vorher „gelebt" hatten. Außerdem waren sie an der frischen Luft und konnten *echtes* Licht auf dem kaum vorhandenen Gefieder spüren.

Ich beobachtete die Hennen an diesem Tag noch lange und mir fiel auf, dass die braunen Hennen die beiden weißen sehr ausgrenzten und unterdrückten; das Selbe machten sie aber auch mit dem kleinen, fast kahlen braunen Hühnchen, das ich bereits so ins Herz geschlossen hatte.

In dieser Nacht schlief ich sehr unruhig. Ich hoffte, dass es den Hennen im Notfallgehege gut erginge. Katja hatte mir gesagt, dass es auch immer wieder vorkommen konnte, dass Hennen relativ schnell versterben. Aber am nächsten Morgen schaute ich nach ihnen und alle waren wohlauf.

Ich versorgte die Hennen und fand auch schon das eine oder andere Ei im Gehege. Überrascht stellte ich fest, dass ich auch weiße Eier fand. Bisher hatte ich Hühner, die braune Eier legten, und zwei meiner Hühner waren Grünleger, das heißt, sie legen Eier mit einer zart hellgrünen Schale. Ich fragte mich, ob die weißen Eier von den weißen Hühnern stammten und rief gleich Katja an, um sie zu fragen.

Katja erzählte mir, dass sie am Vortag genau 111 Hennen gerettet hatte; und sie sagte mir, dass die Eierschalenfarbe nicht von der Gefiederfarbe, sondern meist von der Farbe der Ohrläppchen abhinge. Weiße Ohrläppchen bedeuten weiße Eier. Nun, bis zu diesem Zeitpunkt hatte ich nicht einmal gewusst, dass Hühner Ohrläppchen hatten, aber natürlich ging ich sofort zum Notfallgehege und schaute nach. Und tatsächlich: Die beiden weißen

Hühner hatten wirklich weiße Ohrläppchen, während die braunen rosafarbene (später rote) Ohrläppchen hatten.

Und ich stellte noch etwas anderes fest: Das kleine, unterdrückte braune Hühnchen hatte sich mit den beiden ebenfalls „gemobbten" weißen Hennen zu einer kleinen Gruppe zusammengeschlossen. In diesem Moment war mir klar: Das kleine Hühnchen bleibt doch bei mir, ich hatte es nicht nur ins Herz geschlossen, es hatte sich auch noch mit den beiden Hennen, die auf jeden Fall bei mir bleiben sollten, angefreundet. Ich wusste, dass so etwas in der großen Anonymität der Massenbetriebe nicht möglich war; dieses Huhn hatte also zum ersten Mal in seinem Leben Freundschaft geschlossen – diese Freundschaft wollte ich auf keinen Fall zerstören.

Ich holte die drei gemobbten Hennen aus dem Notfallgehege und setzte sie vorübergehend in einen Kleintierkäfig, damit ich Bianca am nächsten Tag nicht umständlich erklären musste, welche zehn Hennen sie mitnehmen durfte. So konnte sie einfach das Notfallgehege „leerräumen". Außerdem waren mir meine drei neuen Hennen recht dankbar; sie verstanden sich wirklich gut und waren eindeutig froh, von ihren tyrannischen Artgenossinnen weg gekommen zu sein.

Auch in der zweiten Nacht nach der Rettungsaktion konnte ich nicht durchschlafen. Mitten in der Nacht wurde ich durch ein Geräusch aufgeweckt – und war auch sofort hellwach. Es regnete in Strömen! Meine drei Hühnchen waren im Kleintierkäfig an einem sicheren Ort, meine „alten" Hennen schliefen seelenruhig im Hühnerhaus – aber die zehn anderen Hennen waren im Notfallgehege völlig ungeschützt! Wir hatten das Gehege für den Sommer konstruiert und es hatte schnell gehen müssen; an Schutz von oben hatten wir nur in Form von Kaninchenzaun gedacht. Ich bekam Panik – die Hennen waren in ihrem ganzen Leben noch nicht draußen gewesen und ja, es war nur ein warmer Sommerregen, aber trotzdem, was war, wenn sie sich erkälteten? Ich sprang auf – Vincent neben mir drehte sich verschlafen murmelnd auf die andere Seite; ich glaubte, so etwas wie „hm, lecker, die Bratkartoffeln" zu verstehen; dann schlief er weiter. Ich rannte nach unten, schnappte die drei Regenschirme, die ich auf die Schnelle finden konnte, schlüpfte in meine rosafarbenen Gartenclocks, warf mir den Bademantel über den Pyjama und stürmte nach draußen.

Die Hennen hatten sich in einer Ecke des Geheges zusammengekuschelt und schliefen. Als ich angerannt kam, hoben einige ein wenig verschreckt die Köpfchen, beruhigten sich aber schnell wieder und ließen sich gar nicht von mir stören.

Rasch spannte ich die Regenschirme über den Hühnern auf. Einen brachte ich leicht schräg an, so dass sie auch von der Seite etwas Schutz hatten. Ich betrachtete die Konstruktion und war noch nicht ganz zufrieden; ich wollte die Hennen bei diesem starken Regen noch mehr schützen. Schnell ging ich in unsere Scheune. Dort befand sich noch allerlei Kram, den die Vorbesitzer dagelassen hatten, und manche Dinge hatten sich schon gelegentlich als nützlich erwiesen. Ich suchte eine Weile, liebäugelte mit Brettern, verwarf die Idee aber wieder, und fand schließlich etwas, das mir ideal erschien. Eine etwas über einem Quadratmeter große, daumendicke Plexiglasscheibe. Ich entschied, diese zu nehmen, da die Hennen dann zwar vor Regen geschützt waren, aber morgen früh trotzdem die Sonne genießen konnte.

Ich stapfte mit der nicht gerade leichten Scheibe nach draußen und hievte sie mühsam auf das Gehege. Dann trat ich zurück und betrachtete zufrieden mein Werk. Dank der Regenschirme und der Scheibe war die Hälfte des Geheges nun überdacht und bot genug Schutz.

Mein Bademantel und meine Socken waren mittlerweile klatschnass – trotzdem ging ich sehr zufrieden und beruhigt wieder ins Bett.

Am nächsten Tag wurden die zehn Hennen abgeholt und ich entschied, dass meine drei neuen Hühnchen am selben Abend nun endlich zu den anderen Hennen gesetzt werden sollten. Außerdem sollten sie nun Namen bekommen. Ich nahm mir

Zeit, die drei im Kleintierkäfig genau zu betrachten. Die kleine Braune sah immer noch erbärmlich aus. Sie war fast komplett kahl gerupft und wirklich mickrig, selbst im Vergleich zu den anderen braunen Hennen, die abgeholt worden waren und die allesamt auch in ziemlich schlechtem Zustand gewesen waren. Aber auch die beiden Weißen boten ein Bild des Jammers; der Rücken und der Bereich am Hinterteil waren völlig kahl. Außerdem waren sie nicht wirklich weiß – ihre Farbe erinnerte mich eher an den Gelbton, den Schnee hat, wenn schon einige Hunde ihn besucht haben. Ich wollte die drei später in der Dunkelheit zu den anderen Hennen auf die Stange setzen. Ich hatte mich schlau gelesen und so herausgefunden, dass man auf diese Art Hennen am Besten vergesellschaftet. Damals konnte ich es nicht glauben. Aber heute erkläre ich es Leuten, die mich fragen, auch so: Setzt man die Hennen tagsüber ins Gehege zu den anderen Hennen, werden die Alteingesessenen die Neuen ziemlich heftig attackieren, da sie ihr Revier verteidigen wollen; setzt man sie im Dunkeln mit auf die Stange, werden sie recht schnell akzeptiert. Ich dachte damals, so doof können Hennen doch nicht sein. Sie müssen doch trotzdem erkennen, dass da neue Hennen dazugekommen sind. Aber mittlerweile habe ich diese Sache ja schon mehrfach durch und kann sagen: Ja, es stimmt. Ich meine, ich will Hühnern nicht unterstellen, dass sie doof sind. Aber irgendwie sehen sie manchmal logische Zusammenhänge nicht. Ich setze also immer meine neuen Hennen zu den alten im Dunkeln, wenn sie schlafen, auf die Stange – und am nächsten Tag gucken die Alten so ein bisschen komisch, als würden sie denken: Hm, seltsam, die da drüben waren aber gestern eigentlich noch nicht da, aber wenn sie jetzt da sind, heißt das wohl, dass sie aus irgendeinem Grund zu uns gehören, schließlich habe ich nicht gesehen, wie sie unerlaubt in unser Revier eingedrungen sind – gut, dann sind sie jetzt eben da, ist schon ok, aber so ein, zwei Tage werde ich sie noch ein bisschen ungern ans Futter lassen, nur damit sie wissen, dass ihr plötzliches Auftauchen mir ein wenig suspekt ist.

Ich nannte die beiden hellen Hennen Selma und Josephin, meine kleine, zarte braune Henne Käthe.

Am Abend setze ich sie zu meinen alten Hennen mit auf die Stange. Ich war ziemlich aufgeregt und fragte mich, wie es morgen Früh wohl sein würde, wenn ich die Luke öffnete.

Am nächsten Tag stand ich besonders früh auf, sofort, als es hell wurde. Ich sprintete mit meinen Hunden als Erstes zum Hühnerhaus – irgendwie war ich beunruhigt und hatte doch Sorge, meine Alten könnten die Neuen gehackt und verletzt haben. Ich öffnete die Luke und meine alteingesessenen Hennen kamen wie immer eilig raus, denn sie wussten, das Futter hatte ich ihnen schon bereit gestellt. Die Neuen kamen nicht.

Selma, Josephin und Käthe saßen etwas verunsichert im Häuschen, aber es ging ihnen offenkundig gut. Ich ließ sie einfach in Ruhe und wartete ab.

Es dauerte etwas, aber nach einer Stunde trauten sich nach und nach auch meine drei neuen Hühnchen raus. Sie waren vorsichtig; erst streckten sie die Köpfchen raus, sahen sich vorsichtig um, dann ein Bein, schließlich das andere... Ganz anders als meine alten Hennen aus guter Privathaltung, die sofort den ganzen Auslauf erkundet hatten, waren sie sehr vorsichtig. Nur zögerlich sahen sie sich um. Ab und an scheuchte eine meiner alten Hennen sie leicht, aber nie so, dass es bedenklich war. Oft standen die Neuen einfach nur da und schauten hoch, in den Himmel. Ich werde es nie vergessen, wie gebannt sie das Blau über sich anstarrten, fast so, als könnten sie es nicht glauben, dass es so viel Platz auf der Welt gibt.

Damals wusste ich noch nicht, dass Selma nur ein paar Monate in Freiheit vergönnt waren; plötzlich schwächelte sie den einen Tag etwas und lag am nächsten tot im Hühnerhäuschen. Aber ich war froh, dass sie einen ganzen Sommer und den Herbst bei mir in Freiheit hatte. Die braune Käthe und die weiße Josephin entwickelten sich prima; Josephin wurde eins der schönsten Hühner, sie war irgendwann voll befiedert und strahlend weiß, vom Gelbton keine Spur mehr. Sie lebte über zwei

Jahre bei mir, ehe auch sie eines morgens ohne irgendwelche Vorzeichen tot im Hühnerhaus lag. Die kleine, schmächtige Käthe war irgendwann auch voll befiedert und fand einen festen Platz in der Gruppe; sie lebt bis heute bei mir.

Jedenfalls, als ich so da saß und die drei Hennen betrachtete, alle gerupft, mit viel zu hellen Kämmen und Selma und Josephin mit ihren gelben Federn, da kam es mir vor, als betrachtete ich drei völlig ausgebeutete Arbeiterinnen, die zum ersten Mal in ihrem Leben begriffen, dass es auch etwas anderes als Enge, Stress und Angst im Leben gibt. Oder wie zu Unrecht gefangen gehaltene Ex-Knastis, die nun endlich erfuhren, was Freiheit ist. Mein Herz war erfüllt von Freude, als ich sie mit den anderen Hühnern laufen sah, gleichzeitig war mein Herz auch irgendwie schwer; ich dachte an die vielen Hennen, die so etwas niemals erleben würden. Ich wusste, es gibt um die 45 Millionen Legehennen in Deutschland. Ich war schon immer Idealistin gewesen, aber nie naiv; ich wusste, sie alle kann man nicht retten. Ich wusste, dass Katja nur einen kleinen Teil der Hennen, die vom Betreiber nicht mehr gebraucht wurden, gerettet hatte. Ich dachte so bei mir, dass es doch furchtbar war, dass sie ein paar raus suchen musste in dem Bewusstsein, dass die anderen sterben mussten. Natürlich, es war immerhin besser, diese, sagen wir, zweihundert von 1600 Hennen, die in dem Stall leben, zu retten...

Trotzdem begann in meinem Herzen bereits ein Plan Gestalt anzunehmen.

6. Rettet die Hühner – und die anderen Tiere!

Katja hatte mir bereits bei unserem ersten Telefonat erzählt, wie sie auf die Idee gekommen war, „Rettet das Huhn" zu gründen. In der Nähe ihres Wohnortes gab es einen Legehennenbetrieb. Ähnlich wie ich ist auch Katja ein Mensch, der sein Leben irgendwie und irgendwann den Tieren verschrieben hatte. Mit einem Legehennenbetrieb in der Nähe macht man sich als Tierfreund eben schon seine Gedanken; so erging es auch Katja. Sie überlegte, wie man den Hennen helfen könnte und nahm schließlich Kontakt zu dem Betreiber auf. Sie machte ihm einen ungewöhnlichen Vorschlag: Ob er denn bereit wäre, ihr Hennen, die sowieso ausgestallt werden sollten, kostenlos abzugeben. Sie wolle versuchen, so viele seiner Hennen wie möglich an tierliebe Menschen zu vermitteln, damit sie nicht geschlachtet werden. Nun, der Betreiber war dem nicht abgeneigt und stimmte zu – vermutlich rechnete er damit, dass Katja vielleicht zwanzig oder dreißig Hennen vermittelte. An diesem Punkt der Geschichte konnte ich mir fast denken, was kommen würde: Ich kannte Katja und hatte schon damals bei unserem ersten Gespräch gemerkt, dass man sie auf keinen Fall unterschätzen sollte. Nach einigen Wochen schlug sie wieder bei dem Betreiber auf und erklärte, sie habe bereits fünfhundert Hennen vorvermittelt. Man kann sich vorstellen, wie überrascht, fast schockiert der Betreiber war. Er bat hastig um Vermittlungsstopp und setzte sich nun doch mit Katja zusammen, um alles etwas detaillierter mit ihr abzusprechen. Für einen Augenblick hatte Katja Bedenken, dass er nun doch abspringen würde, aber – auch das merkte ich schnell bei Katja – sie konnte so gut argumentieren, dass der Legehennenbetreiber bei seinem Wort blieb. Allerdings bat er Katja, nicht weiterzuvermitteln; er wollte erst sehen, wie die Abholung der fünfhundert Hennen vor sich gehen würde.

Natürlich wurde er nicht enttäuscht; Katja hielt Wort und holte in einer einwandfreien Aktion mit Helfern die geplante Anzahl Hennen aus dem Stall und übergab sie an ihre neuen „Familien". Der Betreiber war von der Idee und der Umsetzung so angetan, dass er zustimmte, auch die restlichen Tiere auf diesem Wege in ein schönes neues zu Hause zu vermitteln.

Das war vier Jahre bevor ich auf die Initiative aufmerksam wurde. Von da an fanden Katjas Rettungen regelmäßig statt – sie vermittelte so viele Hennen wie möglich und holte diese dann ab.

Ich hatte mich mittlerweile informiert und wusste: 45 Millionen Legehennen fristen jährlich ihr trauriges Dasein als Legehennen. Diese Tiere dienen nicht der Fleischgewinnung, sondern werden „nur" aufgrund ihrer Eier gehalten und „genutzt", meist in lichtlosen Ställen und unwürdiger Enge und mit Dauerstress. Das Prinzip funktioniert so: Nachdem die Küken künstlich ausgebrütet wurden, werden diese manuell sortiert; diese Handlung wird auch „Sexen" genannt. Die weiblichen Küken kommen in Aufzuchtstationen, in denen sie bleiben, bis sie alt genug zum Eierlegen sind, die männlichen Küken sind unbrauchbar. Da die im Fachjargon genannten „Legehybriden" nicht gezüchtet wurden, damit sie Fleisch ansetzen, können die männlichen Küken also nicht zum Verzehr „genutzt" werden – und Eier legen sie natürlich auch nicht. Also werden sie gleich als Eintagsküken „entsorgt". Sie werden vergast oder lebendig zerschreddert. Ich habe einmal im Internet ein Video über das „Sexen" angesehen; riesige Fließbänder mit lauter kleinen gelben Bällchen drauf, die in Windeseile sortiert werden; das ganze Fließband ist gelb, so viele Küken sind es. Die aussortierten männlichen Küken fallen vom Band dann in den Schredder – diese Aufnahme wurde in Zeitlupe gezeigt. Man sah, wie die Kleinen beim Fall ihre Äuglein vor Schreck zusammenkniffen, aus Angst vor dem Fall, noch nicht ahnend, dass sie gleich etwas Schlimmeres erwartete als ein harter Aufprall. Nun wusste ich mittlerweile auch, dass fünfzig Prozent der ausgebrüteten Küken männlich sind; das heißt, auf jede Henne in der Legebatterie kommt ein getötetes Bruderküken. Erst kürzlich erreichte mich eine E-Mail der Sängerin Vera, die Independent Kunstliedgut komponiert. Sie bat mich, ihr neuestes Video zu ihrem Song, in dem es um die Tötung der männlichen Küken und anschließende Ausbeutung der Hennen geht, auf meiner eigenen und der „Rettet das Huhn" – Website zu verlinken. Ich schaute mir das Video an, in dem Glauben, alles über die Kükenindustrie zu wissen und bereits alle schrecklichen Bilder gesehen zu haben. Ungefähr in der Mitte des Videos habe ich es nicht mehr ausgehalten und abgebrochen. Selbst, wenn man um die Grausamkeit weiß, sind diese Bilder bedrückend und schwer bis gar nicht zu ertragen. Vermutlich kriege ich sie nie wieder aus meinem Kopf. Ein gelber Teppich auf den Boden; alles flauschige, vergaste Bruderküken, selbst im Tod noch niedlich. Mit einer großen Schippe schaufelt ein Arbeiter die Leichen in einen Container. Ein paar Flügelchen zittern noch...

Die weiblichen Küken bekommen in Windeseile die Schnäbel gestutzt; eine Maschine erledigt das schnell, aber leider nicht schmerzfrei. Hühner haben feine Nerven, die durch den Schnabel laufen, und der Schnabel ist so etwas wie das Tastorgan des Huhns. Fressen können die Hennen nach der Verstümmelung noch; trotzdem kommt es etwa dem gleich, als würde man einem Menschen einen Teil des Unterkiefers entfernen.

Sind sie alt genug, kommen die Hennen in die Legebatterie. Dort sind sie anatomisch dazu gezwungen, täglich ein Ei zu „produzieren". Von Natur aus würden Hühner – wie alle anderen Vogelarten auch – ein, vielleicht zwei Mal im Jahr ein Nest bauen und ungefähr fünf Eier legen, sich darauf setzen und sie, mit nur einem einzigen Ziel, nämlich dem, Nachkommen zu haben, ausbrüten. Die auf Hochleistung gezüchteten „Legehybriden" können aber gar nicht anders, als täglich ein Ei zu legen. Sie produzieren für den Menschen sozusagen am Fließband. Und dies meistens unter lebensverachtenden Bedingungen: Ohne Tageslicht, in unglaublicher Enge, verbunden mit Angst und Schmerzen. Nach einem Jahr sind die Hennen sozusagen „ausgelaugt" und für den Betrieb unbrauchbar. Sie legen nun etwas seltener, vielleicht nicht mehr sieben, sondern „nur noch" vier Eier in der

Woche; dies macht sie für den Betrieb sofort „unrentabel". Sie werden „entsorgt", also gerupft, geschwächt und oft blutig gepickt zum Schlachthof gefahren. Zu diesem Zeitpunkt sind sie circa fünfzehn Monate alt und haben noch nie die Sonne gesehen.

Nun muss man dazu sagen, dass es sicherlich auch Betriebe gibt, in denen die Hennen besser gehalten werden. Diese Betriebe sind selten, aber es gibt sie. Aber auch dort werden die Hennen meist nach einem, spätestens nach zwei Jahren „entsorgt" und durch neue Legehennen „ersetzt".

Viele dieser Dinge waren mir schon bewusst, bevor ich selbst Hühner hielt; was mir aber neu war, war die Tatsache, dass auch Hühner aus Bio- oder Freilandbetrieben nach dem selben Prinzip auf ihre Rentabilität geprüft werden wie ihre Schwestern in der Bodenhaltung. Meine Vorstellung von Biobauernhöfen als niedliche Streichelzoos zerplatzte wie eine Seifenblase.

Käthe, Josephin und Selma scharrten zufrieden mit den anderen Hühnern in ihrem Gehege, während ich Steffi am Telefon meinen – noch nicht völlig ausgereiften – Plan unterbreitete.

„Überleg mal", sagte ich zu ihr. „Wir sind so weit gefahren. Wir haben beide zwischendurch gezweifelt, ob es wirklich sinnvoll ist, eine so weite Strecke auf uns zu nehmen. Und Katja hat kaum Unterstützung bei ihrer Initiative. Im Prinzip müssen doch deutschlandweit fast alle Leute, die Interesse haben, Hennen über Katja zu adoptieren, bis zu ihr nach Nordrhein-Westfalen fahren. Es gibt kaum Leute, die Hennen in andere Bundesländer transportieren. Und für Niedersachsen gibt es auch niemanden. Verstehst du? Wenn die Leute vielleicht die Möglichkeit hätten, die Hennen hier abzuholen, würden vielleicht auch viel mehr Menschen Hühner aufnehmen. Der weite Weg schreckt doch ein bisschen ab. Außerdem würde man Aufwand sparen – wie viele Leute würden mit ihren Autos zu Katja gurken, da ist es doch viel praktischer, wir machen sozusagen einen Sammeltransport für sie."

Eigentlich war es rückblickend vermutlich gar nicht nötig, Steffi so vollzuquatschen; heute denke ich, dass sie wahrscheinlich schon bei den ersten Sätzen überzeugt war.

„Klar, wir könnten unseren Bus nehmen oder wir müssten einen Transporter mieten..." begann Steffi.

Damals wusste ich noch nicht, wie oft ich Steffi noch dafür dankbar sein würde, dass sie meiner Idee zustimmte. Für mich war klar gewesen, ich würde die Initiative unterstützen und ich hätte dies auch notfalls alleine getan; aber natürlich war ich erleichtert, Unterstützung zu haben. Außerdem muss man dazu sagen, dass Steffi nicht nur intelligent, total lieb und bildhübsch ist, sondern auch ein wahres Organisationstalent besitzt. Davon profitierten wir in der Zukunft noch etliche Male.

Am selben Tag telefonierte ich noch mit Katja. Sie war begeistert von unserem Engagement und wirkte richtig glücklich. Nach unserem Telefonat war ich noch zufriedener als vorher; ich wusste, ich hatte die richtige Entscheidung getroffen. Steffi und ich waren nun ganz offiziell „Rettet das Huhn" - Vermittlerinnen für Niedersachsen.

Wie konnte ich damals ahnen, welchen Rattenschwanz meine Entscheidung nach sich ziehen würde!

Das Ganze begann eigentlich schon, bevor wir richtig gestartet hatten: Erst rief Katja mich an und teilte mir mit, dass sie einen weiteren Beitreiber angesprochen hatte, während er Eier auslieferte, und dass dieser ebenfalls bereit war, die Hennen über „Rettet das Huhn" zu vermitteln. Allerdings hatte dieser Betreiber ihr ein Ultimatum gesetzt: Er erklärte Katja, dass wir entweder alle Hennen – also 1600! - vermitteln sollten oder wir bekamen gar keine. Er wollte keinen doppelten Stress haben, also Katjas Leute, die zum Ausstallen kamen und dann noch die Leute vom Schlachttransport. Ich erinnere mich, wie Katja mich am Telefon fragte: „Schaffen wir das?" und ich, ohne darüber nachzudenken, sofort antwortete: „Wir *müssen* das schaffen."

Fast zeitgleich passierte noch etwas anderes: Ich hatte in Kleinanzeigenmärkten im Internet inseriert, dass wir Abnehmer für unsere geplante Hennenrettung suchen. Eine dieser Annoncen hatte ein Reporter einer örtlichen Zeitung gelesen. Er rief mich an und bat um ein Interview. Ich sagte sofort Steffi Bescheid, damit wir das Gespräch zusammen führen konnten. Ich war ehrlich gesagt ziemlich überrascht, dass sich jemand von der Presse für unsere Hühnerrettung interessieren könnte. Aber der Herr von der Zeitung war nicht nur wahnsinnig nett, er schrieb auch noch einen großartigen Artikel über uns. Bis heute bin ich ihm unendlich dankbar dafür, dass er damals so ernsthaftes Interesse an uns zeigte, denn genau genommen war er „Schuld" an dem, was danach kam.

Nachdem Steffi und ich unsere erste Rettung erfolgreich durchgeführt hatten, meldeten sich nicht nur weitere örtliche Zeitungen, sondern auch ein bekannter Fernsehsender, der bei einer weiteren Rettung einen dreißigminütigen Bericht über uns drehte. Die örtlichen Zeitungen berichteten mittlerweile regelmäßig über uns; weitere Fernsehsender und schließlich auch bekannte Tierzeitschriften und Radiosender meldeten sich bei Steffi und mir, um zu berichten. Eine Lawine war ins Rollen gekommen, die kaum noch aufzuhalten war. Mittlerweile hatten Steffi und ich schon an mehreren Rettungen teil genommen und viele Hühner vermittelt. Jetzt war uns klar, worauf wir uns eingelassen hatten, als wir damals unsere Hilfe anboten; „Rettet das Huhn" war manchmal fast wie ein Nebenjob. Jeden Abend hieß es: Mails abarbeiten von Interessenten, die Hennen adoptieren wollen; dafür musste man schon zwei Stunden täglich oder sogar mehr einplanen. Dann mussten Telefonate geführt werden. Mit Katja, mit den zukünftigen Hennenabnehmern, mit anderen Vermittlerinnen (denn mittlerweile war die Initiative gewachsen und es gab für mehrere Bundesländer Ansprechpartner). Es mussten Vorkontrollen durchgeführt und Leute beraten werden. Die Transporte mussten geplant (wie gesagt: ein Hoch auf Steffis Organisationstalent) und schließlich auch durchgeführt werden. Das bedeutete, morgens um spätestens sechs zur Rettung nach NRW fahren, die Hennen wieder nach Niedersachsen fahren, abends um neun war man dann so grob mit allem fertig und konnte tot ins Bett fallen. Ich schüttele heute manchmal den Kopf, wenn ich daran denke, dass wir die ersten Rettungen mit Kleintierkäfigen durchgeführt haben; sie mussten alle stabilisiert werden, damit sie nicht unter dem Gewicht zusammenbrechen, wenn sie gestapelt werden. Und dann mussten sie richtig in den Transporter geladen werden; ich weiß noch, wie mir damals die Kinnlade runterklappte, als ich Steffis total super ausgearbeitetes System sah, mit dem sie die Käfige in dem Transporter unterbrachte – ein bisschen erinnerte mich unser Hineinschieben der Käfige in das Fahrzeug an das Spiel Tetris. Heute ist das zum Glück anders. Wir haben Geflügeltransportboxen angeschafft und konnten später, als die Initiative noch mehr gewachsen war, diese durch weitere ergänzen; die Boxen wurden eine Weile in meiner Scheune zwischengelagert, bis wir sie an die Vermittler der einzelnen Bundesländer verteilen konnten. Und zwischendurch musste man noch ein Interview für eine Zeitung geben oder wurde bei der Übergabe von Hennen an die neuen Besitzer von einem Kamerateam verfolgt.

Das ganze war und ist eine Mischung aus: „Boah, das ist echt alles total genial" und „Oh je, worauf habe ich mich da nur eingelassen..." Aber ganz egal, in welcher dieser beiden Phasen ich mich gerade befinde, ich denke immer: In erster Linie mache ich das natürlich für die Hühner. Und für alle anderen Tiere. Denn meine Beschäftigung mit dem Umgang mit Legehennen brachte mich unwillkürlich dazu, mir noch mehr Gedanken über die anderen sogenannten „Nutztiere" zu machen.

Wie gesagt, seit meinem zwölften Lebensjahr war ich überzeugte Vegetarierin; und ich „rettete" Tiere, wo ich nur konnte. Und ich glaubte, mit dem Verzicht auf Fleisch und dem Kauf von Biokäse völlig schuldfrei durchs Leben zu laufen. Mir wurde klar, ich hatte mich getäuscht. Denn, wie ich bereits darstellte, auch mit dem Konsum von Eiern wird die tierquälerische Haltung der Hühner, das Töten der Bruderküken und das frühzeitige Ableben der Legehennen unterstützt. Nicht anders sieht es bei den anderen „Nutz"tieren aus. Schon alleine dieses Wort ist etwas, das mir Übelkeit verursacht; das Wort „Nutzen" oder „*Be*nutzen" steckt mir zu sehr darin. Ich las mich im Internet schlau und kaufte mir Fachliteratur; und stellte fest: Kühe geben Milch, wenn sie Kälber haben. (Eigentlich keine große Erkenntnis, aber die wenigsten Menschen wissen das.) So kommt der Mensch gleich doppelt auf seine Kosten: Eine künstlich geschwängerte Kuh bekommt nicht nur ein Kälbchen, das der Mensch dann als Kalbsbraten „verspeisen" kann, er kann der Mutter auch noch die Milch klauen, die eigentlich für ihr Baby bestimmt war. Die Kuhkinder werden ihren Müttern schon nach wenigen Tagen oder sogar Stunden entrissen; die Kuhmädchen erwartet das gleiche Schicksal wie ihre Mütter, ihre

Brüder werden schnellstmöglich gemästet und gegessen.

Ich trank zu diesem Zeitpunkt keine Milch, ich mochte sie schon seit sehr vielen Jahren nicht mehr (ich glaube, mit dem Verzicht auf Fleisch hatte sich bei mir seltsamerweise eine Abneigung gegen Milch und teilweise auch gegen Eier entwickelt, erklären konnte ich mir dies aber nie), auch Joghurt aß ich äußerst selten, aber ich liebte Käse und aß natürlich viele Produkte, in denen Milch oder Eier verarbeitet waren.

Durch die Arbeit bei „Rettet das Huhn" und die Literatur (allesamt Klassiker in diesem Themengebiet), die ich gelesen hatte, war mir klar: Ich befand mich in einem Prozess, der noch etwas dauern würde, aber: Ich musste meine Ernährungsweise noch einmal grundlegend überdenken. Und klar war mir auch: Jedes weitere Lebewesen auf meinem Hof sollte ein gerettetes sein und die bestmögliche Behandlung genießen.

7. Piroschka und die anderen kleinen Fiedler oder: Wie man mit dem Tod umgeht

Mit meinem kranken Huhn Karin besuchte ich einmal eine befreundete Tierheilpraktikerin, Corinna. Sie hat einen schönen Hof, nur fünfzehn Minuten Fahrzeit entfernt von mir. Dieser Hof ist eine großartige Begegnungsstätte zwischen Mensch und Tier – neben „normalen" Tieren wie einem Hund, Katzen, Meerschweinchen, Ziegen, Schafen, Ponys, Hühnern und etlichen mehr gibt es dort auch ziemlich ungewöhnliche Tiere wie kuschelbedürftige Wildscheine oder Rehe, die auf dem Sofa schlafen. Was mich aber besonders faszinierte, während ich dasaß und auf Corinnas Diagnose wartete, waren die Wachteln.

Wachteln hatte ich vorher noch nie gesehen. Sie liefen bei Corinna zusammen in einem schönen Gehege mit den Meerschweinchen. Die kranke Karin wurde gerade von Corinna untersucht und ich beobachtete fasziniert diese gleich großen Tierarten, die doch so vollkommen unterschiedlich waren. Wir hatten gerade ein tolles Gehege für unsere

eigenen Meerschweinchen gebaut und ich überlegte, ob es denn ein großes Problem wäre, auch
Wachteln mit ihnen zu vergesellschaften.

Nun ist es so, wenn ich mir etwas in den Kopf
gesetzt habe, muss ich es auch umsetzen. Zuhause
konfrontierte ich Vincent mit meiner Idee.

„Wir haben schon genug Tiere!", zeterte er.
„Überhaupt, was ist, wenn sie sich nicht mit den
Schweinchen verstehen?"

„Und warum nicht, Einstein?", konterte ich. Ich
hatte meine Augenbrauen unheilvoll zusammenge-
zogen. „Bei Corinna geht es doch auch."

Vincent schimpfte so lange, bis die Wachteln da
waren, dann war er sofort still. Er betrachtete sie
versonnen und sagte: „Sie sehen aus wie kleine
Raubvogelbabys, die sind voll süß."

Grundsätzlich fand ich das auch. Aber ich war
auch traurig darüber, dass die kleinen Hühnervö-
gel so gerupft aussahen. Natürlich hatte ich sie jemanden abgekauft, der sie zum Schlachten züchtete und mit einem Hamburger Delikatessrestaurant
zusammenarbeitete – 4000 Wachteln züchtete er

jährlich, erklärte er mir. Die Kleinen waren verschreckt, ängstlich und schwach. Zum Glück erholten sie sich bald. Und ich liebte sie abgöttisch. Ich liebte ihr leises Zirpen – viele Menschen, die in meinem Garten stehen, fragen mich überrascht, was da denn für ein Geräusch sei. Kaum ein Mensch hat schon einmal das zirpende Zwitschern einer Wachtel gehört. Für mich ist es eins der schönsten Geräusche überhaupt, die es auf der Welt gibt. Ich nenne meine Wachteln daher auch „die kleinen Fiedler".

Ich glaube, es geht jedem Tierfreund manchmal so, dass er gelegentlich das Gefühl hat, sein geliebtes Tier wird für immer bei ihm sein. Auch mir ging und geht es manchmal so. Gerade, wenn meine Tiere gesund und glücklich sind, sich im Sommer in der Sonne räkeln oder im Winter durch den Schnee stapfen, kann ich mir manchmal gar nicht vorstellen, dass sie irgendwann nicht mehr da sein werden, obwohl ich schon einige Verluste hatte erleben müssen. Genauso ging es mir bei den kleinen Wachteln.

Als meine kleine Fiedlerin Piroschka damals eine Augenentzündung bekam, die trotz antibiotischer Salbe nicht wegzukriegen war, machte ich mir ernsthafte Sorgen. Das Auge wurde dicker und dicker. Ich fuhr zu einer Tierärztin, die erklärte, dass man bei einem anderen Tier, wie zum Beispiel einer Katze, das Auge entfernen müsste. Sie könne dies aber bei einer Wachtel nicht und vermutete, dass ein solcher Eingriff nur in der tiermedizinischen Hochschule möglich war. Ich fuhr nach Hause, um am nächsten Tag jemanden in der Hochschule anzurufen und einen Termin auszumachen. Ich wusste, das würde nicht billig werden, aber das war mir egal.

„Das finde ich so toll bei euch", sagte meine Freundin Heike mal beim Hundegassi zu mir. Mit „euch" meinte sie Vincent und mich. „Wenn ihr die Verantwortung für ein Tier übernehmt, tragt ihr auch alle Konsequenzen."

Doch in der Nacht nach dem Tierarztbesuch verstarb die kleine Piroschka. Es ist unfassbar, wie ein so kleines Lebewesen wie eine Wachtel sich in

dein Herz schleichen und es völlig für sich einneh-
men kann. Wie man ein solches Wesen lieb haben
und für es beten kann, dass es doch bitte die
Krankheit überstehen würde. Wie oft dreht und
wendet man die Ereignisse im Kopf, wie oft denkt
man: „Hätte sie nicht noch diese eine Nacht überle-
ben können, dann wäre sie operiert und vielleicht
geheilt worden..." Oder man denkt: „Wäre ich doch
gleich in die Tiermedizinische Hochschule gefahren und hätte keinen Umweg über einen Tierärztin
gemacht..." Ich versuche dann, mir zu sagen, dass
eben alles so gekommen ist, wie es kommen sollte.

Heute lebt keine Wachtel mehr von der Gruppe, zu der Piroschka einst gehörte. Neue sind nach-
gerückt, so wie auch andere Tiere von mir verstorben sind und Platz für andere gerettete Seelen gemacht haben.

Trotzdem ist es jedes Mal wieder ein schwerer
Schlag. Ich weine um jedes meiner Tiere, ob Hund
oder Huhn. Und jedes hinterlässt eine Lücke, die
sich nicht mehr schließen lässt. Hat man Tiergefährten, und dann noch dazu recht viele, so wie ich,

kommt man nicht um diesen Verlustschmerz herum. Es gab auch schon Fälle, in denen ich den Tod wie einen Freund angesehen habe; bei Tieren, die bei mir alt geworden sind und die nie krank waren, und die dann eines Tages einfach eingeschlafen sind. Sie sehen dann oft so friedlich aus, dass ich gar nicht sehr traurig sein kann. Sie liegen dann meist an ihrer Lieblingsstelle und man sieht, sie sind einfach im Schlaf gegangen. Aber ich habe auch schon Tode meiner Tierfreunde erlebt, die sehr tragisch und herzzerreißend waren. Manchmal ist es schwer, damit umzugehen. Häufig werde ich von Menschen angesprochen, die einen Tiergefährten verloren haben. Sie reden gerne mit mir darüber, da sie wissen, dass ich ihre Gefühle ernst nehme. Mittlerweile ist es in unserer Gesellschaft so, dass zumindest bei den meisten Menschen akzeptiert wird, wenn jemand um seinen Hund oder seine Katze trauert. „Der Hund war wohl wie ein Familienmitglied für sie und die Kinder, ich verstehe, dass sie traurig sind." sagen sie dann oder: „Die Katze war fast wie ihr Kind, sie tut mir wirklich leid, jetzt, da sie gestorben ist." Trauert allerdings jemand um sein Huhn oder ein anderes Tier, das in den Augen vieler Menschen scheinbar „wertloser" ist als zum Beispiel ein Hund, stößt man auch heutzutage noch auf völliges Unverständnis.

Mein Huhn Karin starb einige Monate nach der Behandlung durch Corinna, hatte aber noch eine schöne Zeit, was mich tröstete. Dass ich mit ihr bei zwei Tierärztinnen und einer Tierheilpraktikerin war, stieß bei vielen Menschen auf Unverständnis. Ebenso die Tatsache, dass ich mein Huhn Daphne, die eine Kropfverletzung hatte, operieren ließ. Daphne lebte noch ein ganzes Jahr nach dem Eingriff und es ging ihr großartig. Ich frage mich, warum manche Lebewesen angeblich weniger wert sind und daher eine medizinische Behandlung nicht so sehr verdient haben wie andere. Oder warum man um manche Lebewesen weniger trauern „darf".

Ich bin der Ansicht, dass der Tod unserer Tierfreunde ein Abschnitt im Zusammenleben mit eben jenen ist, der auch mit dazu gehört. Andererseits weiß ich, dass der Tod auch unerwartet und heftig kommen kann und nicht nur eine lange Trauerphase, sondern auch einen Schock hinterlassen kann, der gelegentlich nur schwer zu verarbeiten ist. Als meine Hündin Laila, mein starkes Indianerherz, damals auf unglaublich tragische Weise von mir ging, war mein Leben eine Weile so leer, dass ich völlig neben mir stand. Ich hatte das Gefühl, meine große Schwester verloren zu haben und ohne Vincent und meine liebe und mitfühlende Freundin Claudia Z. hätte ich diese Trauerphase sicher nicht so gut überstanden.

Und leider gab es in meinem Leben auch noch andere Situationen, in denen geliebte Tiere von mir völlig unerwartet und tragisch gingen. Und es ist oft nahezu unmöglich, diese Situationen zu vergessen.

Meerschweinchen liebte ich seit eh und je. Mein erstes „Schweinchen", wie ich die kleinen gerne liebevoll nenne, Timmi, lebte leider alleine. Diesen Fehler, den ich als Kind gar nicht gesehen habe, wiederholte ich nie wieder. Meine darauffolgenden

Schweinchen lebten stets in einer kleinen (5 Tiere) bis größeren (12 Tiere) Gruppe, lange Zeit auch noch in der Kombination mit mehreren Zwergkaninchen. Alle Schweinchen hatte ich aus schlechter Haltung oder vom Tierschutz übernommen. Manchmal waren es Tiere, die aufgrund von starkem Milbenbefall fast völlig kahl und an vielen Stellen blutig gekratzt waren – ich musste sie tierärztlich behandeln. Häufig kamen sie auch schwanger zu mir. Nicht alle Babys überlebten, da die schlechten Haltungsbedingungen im Vorfeld die Mütter zu sehr geschwächt hatten. Die Babys, die es schafften, behielt ich, zog sie liebevoll groß und ließ die Böcke kastrieren, so dass sie weiterhin in einer gemischten Gruppe laufen konnten.

Meerschweinchenbabys sind etwas Großartiges und, wie ich finde, durch und durch Faszinierendes: Bereits wenige Stunden nach der Geburt laufen sie hinter der Mutter her durch den Käfig; sie sind völlig „fertig", sehen also aus wie normale Meerschweinchen, nur eben im Miniaturformat. Natürlich trinken sie noch lange bei der Mutter, aber sie fressen vom ersten Tag an auch selbstständig. Es gibt fast nichts Schöneres, als Meerschweinchenbabys durchs Gehege rennen und hüpfen zu sehen.

Marlies war ein solches Baby. Ihre scheue Mutter Peanut hatte ich aus nicht sehr guter Haltung befreit. Ich integrierte sie problemlos in meine Schweinchengruppe. Nun ergab es sich, dass Peanut schwanger war. Sie bekam zwei zuckersüße Babys, beides Mädchen, die ich Mimi und Marlies nannte. Beide waren weiß und braun gefleckt, Marlies hatte aber deutlich mehr braun als ihre Schwester. Es war ein ungewöhnliches Braun, irgendwie Nussfarben, auch wenn es das nicht richtig trifft, eine wahnsinnig interessante Farbe. Die beiden Schwestern waren zwei besonders schnelle Schweinchen – da kamen sie nach der Mutter – und ich nannte sie gerne liebevoll meine „kleinen Rennsemmeln". Ansonsten ist an Peanuts Geschichte und an der ihrer beiden Töchter nichts außergewöhnliches; ich wohnte zu diesem Zeitpunkt bereits auf meinem Resthof und Vincent hatte den zwölf Schweinchen ein zwanzig Quadratmeter großes Gehege gebaut. Manchmal konnte ich die Truppe stundenlang beim Laufen im Gehege beobachten. Ich hatte sie alle gleich lieb, jeder hatte seinen eigenen Charakter, es waren alles großartige Schweinchen.

Wenn man viele Tiere hat, muss man damit rechnen, häufiger mit dem Tod und dem Verlust konfrontiert zu werden. Ich trauerte um jedes Tier, auch um jedes Meerschwein. Marlies Tod aber war etwas, was mir bis zu diesem Zeitpunkt (und zum Glück auch danach nie wieder) noch nie passiert ist.

Nachts und im Winter kommen unsere Schweinchen rein, in einen selbst gebauten Stall drinnen, um sie vor Kälte und dem Marder zu schützen. An diesem Morgen bat ich Vincent, die Schweine rauszubringen. Wir packen sie in Katzentransportboxen und lassen sie im Gehege wieder frei. Alle Schweinchen waren zu diesem Zeitpunkt gesund und munter, keiner kränkelte, keiner musste an den Zähnen behandelt werden (was bei

Meerschweinchen häufiger vorkommen kann), kurz gesagt, es gab nichts, was beunruhigend gewesen wäre.

Vincent brachte die Schweinchen raus. Ich war in der Küche. Vincent kam zu mir und sagte, dass Marlies irgendwie seltsam sei. Drinnen im Stall war sie noch in Ordnung, aber jetzt, als er sie draußen auf den Rasen gesetzt hatte, wäre etwas seltsam. Man muss dazu sagen, dass Vincent nicht so schnell beunruhigt ist, also gab mir sein ernster Gesichtsausdruck zu denken. Ich folgte ihm in den Garten. Marlies saß auf dem Rasen und machte eine Kopfbewegung, als hätte sie Schluckauf. Vincent holte sie aus dem Gehege. Die Schluckaufbewegung ging weiter. Wären wir nicht so beunruhigt gewesen und hätten wir nicht gemerkt, dass etwas ganz und gar nicht stimmte, hätte die Bewegung lustig ausgesehen. Aber ich lachte nicht, ich hatte einfach nur Angst. Ich nahm ihm Marlies ab, um zu schauen, was mit ihr sein könnte.

Ich hielt sie an meinem Oberkörper und schaute sie an. Abrupt bildeten sich plötzlich Blutbläschen an ihrer kleinen Nase. „Oh Gott, was ist das?" fragte ich entsetzt meinen Freund. Auch er war sprachlos. Da öffnete sich auch schon Marlies' Mäulchen – und ein Schwall von Blut ergoss sich auf mein T-Shirt. Ich dachte nicht mehr, rannte nur rein, wusste, ich muss zum Tierarzt, notfalls nur, um die Kleine einschläfern zu lassen. Ich kam ins Haus, Marlies spuckte ein zweites Mal einen Blutschwall. Ich begriff, dass ich es nicht zum Tierarzt schaffen würde und legte sie hin. Sie zuckte ein paarmal, es kam noch mehr Blut aus Mund und Nase, dann lag sie still.

Ich weinte. Ich stand da und weinte und weinte. Irgendwann nahm ich meine Umgebung wieder wahr. Vincent stand neben mir. Er hatte die Hand entsetzt vor den Mund geschlagen und war erstarrt. Er sah nur die tote Marlies an und rührte sich nicht, so sehr war er schockiert. Später sagte er mir, dass er in seinem Leben noch nie etwas so Furchtbares gesehen habe (und ich wusste, er hatte schon schlimme Dinge gesehen). Und dann sah ich das Blut. Ein kleiner See hatte sich um Marlies gebildet, mein vorher gelbes T-Shirt war leuchtend rot. Ich hätte nie gedacht, dass in einem so kleinen Tier überhaupt so viel Blut stecken kann.

Wir beerdigten Marlies noch am selben Abend.

Einige Tage später musste ich mit einem anderen Tier zur Impfung zu meiner Tierärztin. Ich erzählte von Marlies. Sie meinte, es gäbe nur zwei Erklärungen: Entweder, Marlies habe etwas Scharfkantiges verschluckt (ich hatte keine Ahnung, was da in Frage käme), oder sie habe einen unentdeckten Tumor gehabt, der geplatzt sei. Die Schluckaufbewegung zeigte jedenfalls das aufsteigende Blut an. Sie war innerlich komplett ausgeblutet.

Heute wachsen Blumen dort, wo Marlies begraben liegt.

8. Geschwister Fürchterlich und ihre Meute

„Hör auf!", rufe ich und springe vom PC auf. Ich schreibe gerade an einem Kapitel und möchte eigentlich meine Ruhe, aber meine Hündin Lilli sieht das mit der Ruhe ein wenig anders. Scheinbar völlig sinnfrei hat sie plötzlich angefangen zu bellen. Ich gehe zu meinen Hunden ins Wohnzimmer, wo bereits ein paar meiner anderen Hundedamen ins kläffen einzustimmen beginnen.

„Was ist denn los?", ruft Vincent genervt aus der Küche.

„Nichts", rufe ich zurück, während ich damit beginne, das Sofa von vielen feuchten, weißen Krümeln zu befreien. Jack Russel Mix Hündin Finja muss auf einen Stuhl gesprungen und ein volles Taschentuchpaket vom Tisch geklaut haben. Das Zerreißen scheint ihr mörderischen Spaß gemacht zu haben. Das Aufsammeln macht es mir eher weniger.

„Blöde Ziege!", flüstere ich wütend, damit Vincent es nicht hört und womöglich mitbekommt, was passiert ist, und, etwas lauter, zu Lilli: „Ruhe jetzt!"

Lilli schweigt beleidigt und beobachtet mich beim Einsammeln der zerkauten Taschentücher. Als ich sie anspreche, bin ich einen Moment lang abgelenkt und jemand reißt mir die Taschentücher wieder aus der Hand.

„Mali!", schimpfe ich. Sie erschrickt so sehr, dass sie die Taschentücher beim Weglaufen fallen lässt und wieder über das ganze Sofa verteilt.

„Was zum -", Vincent kommt nun doch mit einem Kochlöffel in der Hand ins Wohnzimmer. „Was ist denn das?"

„Nichts.", wiederhole ich nur und Vincent geht irgendetwas vor sich hinschimpfend zurück zum Kochen in die Küche.

Auf unserem Hof leben sechs Hunde – meistens. Gelegentlich werden sie noch ergänzt durch ein paar Pensionshunde und zeitweise mal einem Hund vom Tierschutz, der zur Vermittlung bei mir lebt. Derzeit sind nur meine sechs Hundemädchen da – was das Chaos aber nicht geringer macht.

„Geschwister Fürchterlich" nennt meine Freundin Claudia R. meine beiden Schwesternhündinnen Frieda und Finja. Sie sind eindeutig die beiden Rudelchefinnen unter den Hunden. Beide sind Jack Russel Mixe und temperamentvoll ohne Ende. So ganz haben sie ihren Spitznamen nicht mehr verdient, finde ich, sie haben sich schon ziemlich verbessert und strapazieren meine Nerven nicht mehr ganz so stark wie damals, als sie als Welpen vom deutschen Tierschutz zu mir gekommen sind. Damals lebte meine alte Hündin Laila, eine Dackel-Terrier-Spitz-Hündin, noch und auch Paula, unsere kleine, zierliche Jack Russel Dame war bereits bei uns eingezogen. Laila und ich waren ein eingespieltes Team und sie schon relativ alt. Paula ist, vermutlich ausgelöst durch eine schlimme Krankheit im Welpenalter, manchmal etwas naiv und wirkt ein bisschen so, als sei sie auf den Kopf gefallen, aber trotzdem war sie der brave Vorzeigehund schlechthin, so dass es also kein Problem war, Geschwister Fürchterlich bei mir aufzunehmen – ich konnte alle meine Energie für die beiden verpulvern.

Nachdem Laila gestorben war, zogen wir mit Paula, Frieda und Finja auf unseren Hof. Kurze Zeit später nahmen wir Mali über einen Tierschutzverein, der in Spanien aktiv ist, auf. Die hübsche Mali, meine Seelenfreundin, ist eine Pinschermixhündin mit einem Engelsgesicht. Leider ist das auch schon alles, was bei ihr an einen Engel erinnert. Mali ist eine Zicke, sie ist eifersüchtig und will ständig im Mittelpunkt stehen, sie muckelt ständig rum und zerbeißt gerne Sachen – und irgendwie habe ich sie besonders lieb. Sie ist Friedas beste Freundin und ich kann mir die beiden nicht mehr ohne einander vorstellen – ebenso wenig wie man die Geschwister Fürchterlich, Frieda und Finja, trennen dürfte. Manchmal ist es richtig unheimlich, zu beobachten, wie die beiden auf Gedankenebene miteinander kommunizieren und alle Entscheidungen gemeinsam fällen. Die beiden Schwestern denken, dass Regeln eben zum Brechen da sind und halten einen dementsprechend ziemlich auf Trab.

Lilli ist mehr oder weniger durch einen Zufall zu uns gekommen. Ihre Vorbesitzer, die bereits die dritte Wohnstation in eineinhalb Jahren für sie waren, wollten sie plötzlich loswerden und wir nahmen sie „erstmal" bei uns auf. Und irgendwie ist Lilli bei uns hängen geblieben. Ein Hund wie Lilli ist mir noch nie begegnet. Sie ist ein Dackel-Corgi-Mix und ich versuche sie immer aufzuwerten, indem ich den Leuten erkläre, dass die Queen Corgis hat. Unter uns nennen wir Lilli aber immer unser „Stummelchen" (wegen ihrer kurzen Stummelbeine). Die meisten Leute, die sie sehen, sagen ganz unverblümt, dass sie wie ein tiefer gelegter Schäferhund aussieht (ein ziemlich tief gelegter). Die Seltsamkeit ihres Aussehens wird nur noch von Lillis Charakter übertroffen. Lilli scheint unter einer Mischung aus ADHS, Autismus und Schizophrenie zu leiden. Wenn sie im Körbchen liegt, brummt sie im zufriedenen Basston vor sich hin, ihr Kläffen ist aber recht hoch und kann in den Ohren weh tun. Sie ist furchtbar verfressen und zeitweise scheinbar taub. Man schwankt ständig dazwischen, sie wegen ihrer Drolligkeit durchzuknuddeln oder wegen ihrer manisch-depressiven Schwankungen selbst einen Heulkrampf zu kriegen. Alles in allem ist Lilli aber echt ein prima Kerlchen.

Und zuletzt ist da noch unser Hofnarr, wie ich sie gerne nenne. Dackel-Terrier-Pinscher-Mix Hündin Maja, Spitzname Trüffelchen, kam als letztes zu uns, ebenfalls aus dem sonnigen Spanien, das Spuren in ihrem Herzen hinterlassen zu haben scheint, denn nur so kann ich ihren sonnigen Charakter erklären. Sie kläfft gerne und irgendwie ist das ganze Leben für sie eine große Spielwiese, aber rückblickend muss ich einfach sagen, dass sie unser Sechserpack absolut komplett gemacht hat und eine im Rudel fehlende Energie auffüllt.

Ich liebe jede einzelne meiner Hundedamen, mit allen ihren Stärken und Schwächen. Viele Menschen täuschen sich auf den ersten Blick in ihnen: Sie sind alle klein und unglaublich niedlich. Wer aber denkt, ein „richtiger" Hund muss eine gewissen Schulterhöhe aufweisen, hat unsere Meute noch nicht kennen gelernt. „Mehr" Hund geht einfach nicht.

Vincent behauptet immer, ich hätte meine Hunde nach meinem eigenen Innenleben ausgesucht. Das gibt mir schon ein wenig zu denken, muss ich gestehen. Manchmal beobachte ich etwas neidisch Menschen, die einen einzelnen, vielleicht total ruhigen und ausgeglichenen Hund haben, der brav am Fahrrad mittrabt und gelangweilt vor sich hin glotzt. Dann denke ich an zerstörte Sofakissen, zerbissen Stuhlbeine und wild durcheinander hüpfende kleine Kläffer, die sich vor Freude fast nicht mehr einkriegen, wenn ich nach Hause komme und mir so meine neue Strumpfhose zerreißen. Ganz kurz stelle ich mir dann vor, wie es mit dem lethargischen, braven Hund am Fahrrad wäre. Ich stelle mir vor, wie ich mit ihm – und nur mit ihm, tatsächlich mit einem *einzigen* Hund! - spazieren gehe, er ganz brav bei mir läuft, wir dann nach Hause kommen, ich lege mich aufs Sofa und lese ein Buch, er legt sich in seine Ecke und ist leise, bis ich irgendwann aufstehe, ihm sein Futter gebe, vielleicht will er dann nach ein bisschen gekrault werden, und dann legt er sich wieder ruhig in seine Ecke. Solche Hunde soll es geben, habe ich gehört. Und dann denke ich an endlose Spaziergänge im Wald mit meinem Rudel. An abenteuerliches Hügel hoch- und runterrennen. An meinen Superpfiff, bei dem die Meute kommt, wenn es wichtig ist, zum Beispiel wenn ein Fahrradfahrer uns entgegen kommt. Ich denke an das unermüdliche Herumrennen in meinem Garten, an die Spiele, die die sechs zusammen spielen, an das Toben, ihre aufmerksamen Blicke und die wach aufgestellten Ohren; an das morgendliche Quengeln um halb sechs an meinem freien Tag neben meinem Bett -"Wann gehen wir endlich Gassi?"- und dann das taunasse Gras und die ersten Sonnenstrahlen, die ich sonst gar nicht gesehen hätte. Und da verblassen zerkaute Socken und zerrissene Taschentücher. Da möchte ich plötzlich gar nicht mehr auf dieses tägliche Chaos verzichten.

Ich bin fertig mit dem Aufsammeln der Taschentücher, als Vincent „Essen ist fertig!" aus der

Küche ruft. Maja und Lilli rennen bellend zu ihm, Mali hat Vincents Hausschuh in der Schnute und kaut darauf herum. Paula beißt ihrer besten Freundin, unserer Katze Merle, ins Fell und zieht kräftig daran. Merle lässt sich schnurrend fallen und von Paula über den Boden ziehen. Frieda und Finja sind nirgends zu sehen – kein gutes Zeichen.

„Ich komme!", rufe ich und denke: Sie treiben mich alle in den Wahnsinn, aber ich habe sie so unendlich lieb, dass ich trotzdem alles für sie tun würde. Jedes meiner Tiere ist mir unglaublich wichtig, egal ob Hund, Katze oder Huhn.

9. Henriette oder: Es ist doch nur ein Huhn

„Wie meinst du das, du hast dein Huhn operieren lassen?"

Zufällig hatte jemand am Tisch mein Gespräch mit einer Freundin mitgehört. Ich wunderte mich nicht über diese Frage. Schon als Wachtel Piroschka so krank gewesen war und ich kurz davor war, sie in der Vogelklinik operieren zu lassen, war ich an vielen Stellen auf Unverständnis gestoßen. So erging es mir auch weiterhin, wenn einige Menschen mitbekamen, dass ich mit meinen „Nutz"tieren zum Tierarzt oder der Tierheilpraktikerin fuhr. Mittlerweile können die meisten Menschen in unserer Gesellschaft zumindest akzeptieren, wenn man Unmengen an Geld für seinen Hund, seine Katze oder sogar sein Kaninchen ausgibt - „aber für ein Huhn, da hört es doch wirklich auf" sagen viele zu mir oder: „Das geht doch vielleicht ein bisschen zu weit." Ich verstehe diese Aussagen bis heute nicht. Und ich schäme mich nicht, hier zu schreiben: Ich habe meine Hühner lieb, ganz furchtbar dolle sogar. Und ich gebe das Geld gerne für sie. Und selbst wenn sie sich nicht so unverschämt dolle mit ihrer schrulligen Art in mein Herz geschlichen hätten und ich sie nicht so gern hätte – enthob mich das automatisch von der Verantwortung für sie? Ich habe sie zu mir geholt, und auch wenn nur aus guter Absicht und auch wenn sie ein schönes Leben bei mir haben; rechtfertigt das, dass ich sie bei Krankheit nicht behandle und sterben lasse oder sogar töte?

Schockiert war ich auch einmal nach dem Besuch einer Familie, die sich tatsächlich vor die frisch geretteten, völlig zerrupften Hühner stellte und fast Tränen lachten. Auf Vincents Nachfrage, was das solle, antworteten sie nur: „Die sehen nackig so lustig aus." Bis heute bin ich fassungslos. Wo mir und meinen Freunden die Tränen kommen, wenn wir diese stark verletzten Lebewesen sehen, da lachen andere? Und ihre Begründung ist dann: „Aber es sind doch nur *Hühner*..." Und wie soll ich diese Aussage verstehen?

Meine Hühner sind fast wie Hunde. Wenn ich in den Garten gehe, kleben sie mir so sehr am Bein, dass ich ihnen manches Mal schon auf die Füße getreten bin. Sie mögen es, von mir gestreichelt zu werden und wenn ich mich hinhocke, springen sie mir auf den Schoß. Einige können kleine Kunststücke. Manche meiner Hühner fliegen mir vor Freude wortwörtlich in die Arme, wenn sie mich sehen.

Dann stelle ich mir oft vor, wie die Hühner in der fürchterlichen Massentierhaltung leben. Ich denke daran, dass viele meiner Hühner genau aus dieser Haltung kommen; gerne erzähle ich den skeptischen Menschen dann Henriettes Geschichte.

Leider war die Hühnerhaltung über die Jahre bei mir einem ständigen Kommen und Gehen unterworfen. Die Hennen aus der Intensivhaltung, die ich über „Rettet das Huhn" adoptiert hatte, haben meistens keine sehr hohe Lebenserwartung; unseren Abnehmern erklären wir, dass sie durchschnittlich noch eine Lebenserwartung von ein bis drei Jahren im neuen Zuhause haben. Manche haben auch nur ein paar Monate in Freiheit, ehe sie gehen. Viele leben aber tatsächlich noch einige Jahre und ihre schlimme Vergangenheit ist ihnen meist nicht mehr anzumerken.

So war auch Henriette ein Huhn, dass nach einer unserer Ausstallungen bei mir blieb.

Henriette war ein – eigentlich - weißes Huhn, das es besonders schwer erwischt hatte; es war fast völlig kahl gerupft, einige Federn fand man nur noch an Hals, Kopf und an den durch die Flügel etwas geschützten Seiten. Ihr Gefieder war von einem schmutzigen Gelb. Sie musste es in der Masse und Enge im Betrieb besonders schwer gehabt haben, denn sie war besonders schreckhaft und ängstlich, manchmal sogar panisch oder fast hysterisch. Ich musste sie lange in einem Kleintierkäfig im Haus halten, da sie viel zu dünn und zu schwach war, sie hätte draußen bei den anderen Hühnern nicht lange durchgehalten. Henriette schien sich, als sie zu mir kam, ihrer selbst nicht wirklich bewusst; dies fällt mir bei den meisten Hennen auf, die wir ausstallen. In der großen Anonymität der

Massentierhaltung scheinen die Hennen tatsächlich keine Persönlichkeit zu entwickeln. Am meisten erschreckt mich bei ihnen häufig gar nicht das zerrupfte Gefieder, die blutig gepickten Kloaken oder ihre Schwäche, sondern ihre Augen. Sie blicken erschöpft, todtraurig und irgendwie... seelenlos. Ich weiß nicht, wie ich es anders beschreiben kann. Auch in Henriettes Augen sah ich damals das, was ich auch bei den anderen Hennen in den Augen sah: Eine seltsame Leere, eine durchdringende Hoffnungslosigkeit... Bei einem Menschen hätte man vermutlich von einem völlig depressiven Charakter gesprochen. Nur, wenn ich mich ihr näherte, kam Leben in sie; sie wurde panisch und schrie hysterisch, da sie furchtbare Angst hatte – vermutlich davor, dass ihr wieder wehgetan werden könnte. Im Legebetrieb hätte sie vermutlich nicht mehr lange überlebt.

Anfangs fiel mir die Veränderung bei den geretteten Hennen, die bei mir blieben, gar nicht so sehr auf. Natürlich sah ich, wie die Federn nachwuchsen, wie Wunden verheilten und sich das Verhalten der Tiere änderte; aber erst später, auf Fotos, bemerkte ich die wirkliche Wandlung.

Ich habe mir angewöhnt, die Entwicklung der Hennen in einer Art Fotogalerie festzuhalten. Die Fotos zeige ich interessierten Menschen, da Worte nicht wirklich beschreiben können, welchen Wandel sie durchmachen. Und erst auf den Fotos fiel es mir auf: Auf den Bildern, die ich vielleicht eine Woche nach der Ankunft der Hennen gemacht hatte, sah man noch keinen großartigen Unterschied – auf den ersten Blick. Sah man genauer hin, bemerkte man: Die Körperhaltung hatte sich bereits verändert, die Hennen hatten sich mehr aufgerichtet. Und die Augen... Der Blick war bereits wacher, interessierter. Schaue ich mir heute die allerersten Fotos an, erkenne ich die Hühner manchmal fast nicht mehr wieder; nicht nur, weil sie jetzt voll befiedert und kräftig sind, sondern weil ihre Augen so frech und wach und freundlich blicken.

Auch Henriette veränderte sich auf unglaubliche Weise. Sie wurde zahm, bekam schneeweißes Gefieder und wurde selbstbewusst. Manchmal glaube ich, erst durch die Hühner ist mir die wahre Bedeutung dieses Wortes klar geworden; sie wurden selbstbewusst, also sich ihrer Selbst bewusst. Vorher blickten ihre Augen, als nähmen sie sich gar nicht als Individuum war; der Mensch hatte das geschafft, was er wollte. Selbst die Tiere verloren ihr Selbst-Bewusstsein, wie sollten dann die Menschen, die ihre Eier aßen, sich noch jedes einzelnen Huhns bewusst sein? War es nicht klar, dass sie automatisch gesichtslose Anonyme wurden?

Heute erinnert nichts mehr an Henriettes früheres Leben, wenn man sie sieht. Menschen, denen ich ein altes Foto zeige, von der „anonymen" Henriette, können oft nicht glauben, dass es das gleiche Huhn sein soll.

„Es ist doch nur ein Huhn." höre ich oder: „Aber die sind doch dafür gezüchtet!" Aber dann sehen die Menschen Henriettes Foto von früher und dann das, wie sie heute aussieht – und die meisten sind plötzlich ganz still.

10. Viva Veggie!

Schon als Kind, und später, als Jugendliche noch intensiver, recherchierte ich viel über Massentierhaltung und andere Ausbeutung der Tiere durch den Menschen. Mein Verzicht auf Fleisch, Leder und Fellaccessoires wurde überraschend gut akzeptiert, sowohl von meiner Familie als auch von meinem Freundeskreis (der größtenteils nicht vegetarisch lebte). Vermutlich lag es mit daran, dass ich schon mit zwölf auf diese „Produkte" verzichtete und die Einstellung so selbstverständlich lebte. Restaurants hatten und haben ein relativ breit gefächertes Angebot an vegetarischen Gerichten. Oft fiel mein Fleischverzicht den Leuten so gar nicht auf. Bei Familienfeiern kam manchmal die besorgte Aussage: „Hoffentlich ist für dich auch was dabei...", aber als problematisch stellte es sich nie heraus. Gelegentlich, aber eher selten, begegnete mir das Vorurteil, vegetarische Ernährung sei nicht gesund, ansonsten wurde ich eher selten bis gar nicht auf meine „ungewöhnliche" Ernährungsweise angesprochen. Ich für meinen Teil konnte besonders als Jugendliche nicht verstehen, wie man einfach so, ohne weiter nachzudenken, Fleisch konsumieren konnte. Ich sah, dass der Verzicht auf Fleisch mit keinerlei Nachteilen behaftet war und begriff daher nicht, warum nicht einfach alle auf Fleisch verzichteten, wo der Fleischkonsum für die Tiere doch ziemlich eindeutig mit Nachteilen behaftet ist; letztendlich kostet er sie schließlich das Leben.

Gelegentlich begegneten mir Menschen, die schon die eine oder andere Diskussion anstimmten; Menschen hätten schließlich doch „schon immer" Fleisch gegessen, argumentierte mal der Freundeskreis einer Freundin, der ich beim Umzug half. Für zwischendurch hatte meine Freundin Brote zur Stärkung geschmiert, und so kamen ihre anderen Freunde auf das Thema. Ja, sagte ich, aber Menschen haben auch schon immer Verbrechen begangen, und trotzdem dämmen wir Kriminalität so gut es geht ein. Weil etwas „schon immer so war", ist es automatisch gut? Andere Tiere äßen doch aber auch Fleisch, kam dann als nächstes Argument, warum „darf" der Mensch dann nicht? Nun, ein Löwe hält die Antilopen aber nicht gefangen, erst recht nicht auf extrem quälerische Weise und mit Verstümmelungen, eher er sie frisst, sondern er jagt sie, und das auch noch ohne Hilfsmittel, sagte ich dann. Außerdem unterscheidet sich der Mensch doch angeblich so sehr von anderen Tieren; wir fahren Auto, lesen und schreiben Bücher, reisen zum Mond. „Aber in unserem Essverhalten sollen wir uns nicht unterscheiden?", frage ich einen jungen Mann am Tisch. Anders als der Löwe haben wir es doch gar nicht (mehr) nötig, Fleisch zu essen! „Ja, aber früher war es doch auch selbstverständlich..." beginnt er, aber ich sage: „Ja, aber früher war auch eine ganze andere Menge selbstverständlich. Ein Leben ohne Fernseher zum Beispiel. Oder ohne Heizung und Waschmaschine. Ohne E-mails, Sofa und elektrisches Garagentor. Darauf möchtest du sicher nicht verzichten. Weil es bequem ist. Und einfach Fleisch zu essen, ohne drüber nachzudenken, ist auch bequem. Wenn das früher aber eben einfach so war, kannst du ja auch deinen Fernseher aus dem Fenster schmeißen." Ich weiß nicht, ob er so ganz verstanden hat, was ich meinte. Erstaunlich fand ich nur, dass keiner von uns mehr in mittelalterlichen Verhältnissen leben kann / möchte, in Bezug auf den Fleischkonsum aber immer darauf verweist.

Es gibt viele und sehr gute Bücher sowie Internetseiten über die Vorteile der vegetarischen Ernährung; Vorteile nicht nur für die Tiere, sondern auch für den vegetarisch lebenden Menschen sowie globale und klimatische Vorteile. Ich möchte diese später in diesem Kapitel nur teilweise anreißen und hoffe darauf, dass die Leserin / der Leser vielleicht selbst auf weitere Literatur stößt und sich informiert. In diesem Buch soll es eher um meine persönlichen Erfahrungen gehen, um so einigen Menschen vielleicht Mut zu machen, sich auf einen ähnlichen Weg zu begeben.

Von der vegetarischen Ernährungsweise war ich viele Jahre, genau genommen zwanzig, überzeugt. Es ging mir – scheinbar – gut damit und ich war mir sicher, keinem Lebewesen zu schaden.

Erst meine Arbeit bei der Initiative „Rettet das Huhn" brachte mich zum Nachdenken.

Veganer waren für mich viele Jahre irgendwie so etwas wie „Freaks". Ich kannte schon als Zwölfjährige eine Veganerin, die immer recht blass und ziemlich dünn war und fühlte mich bestätigt: Gut ist das sicher nicht. Mit dreizehn probierte ich ein paar Wochen die vegane Lebensweise aus. Irgendwie hatte ich einen Ekel vor Eiern und Milch, den ich mir nicht erklären konnte. Beides aß beziehungsweise trank ich nicht. Aber alle Produkte, in denen Eier oder Milch enthalten waren, wegzulassen, schaffte ich einfach nicht. Viele, die vorher gut über meine vegetarische Lebensweise geredet hatten, sagten damals zu mir: „Nun, *das* ist jetzt wohl ein bisschen übertrieben." Ich gab diese Ernährungsweise aber ziemlich schnell wieder auf, einmal, weil ich sie furchtbar kompliziert fand und außerdem, weil ich sie für nicht gesund hielt. Selbst den Verzicht auf Fleisch hielt ich einige Jahre, nachdem ich begonnen hatte, mich vegetarisch zu ernähren, für ungesund!

Hinzu kam, dass ich Veganer einfach nicht verstand. Ich erinnere mich, dass mich vor einigen Jahren eine entfernte Bekannte anrief; sie aß selbst kein Fleisch, nur gelegentlich Fisch. Das kam daher, weil ihre Tochter überzeugte Vegetarierin war, die weder Fisch noch Fleisch konsumierte, und sie selbst sich als tierlieber Mensch dem Einfluss der Tochter nicht entziehen konnte und wollte.

Ihre Tochter studierte mittlerweile und sie sagte am Telefon zu mir: „Jenny, meine Tochter lebt jetzt vegan! Ich finde das nicht gut. Was sagst du dazu?"

Sie wusste, wie sehr ich Tiere liebe und wie überzeugt ich von der vegetarischen Ernährung war. Ich wollte mich nicht dazu äußern, ob vegane Ernährung gesund war oder nicht, da ich fand, dass es trotzdem jedem selbst überlassen blieb, ob er oder sie sich so ernähren wollte, aber ich sagte, dass ich die vegane Ernährung für Quatsch hielt. „Wenn man tierische Produkte wie Eier oder Käse aus Bio- oder Freilandhaltung kauft, schadet man den Tieren doch auch nicht.", sagte ich zu meiner Bekannten. Heute schäme ich mich für diese Aussage. Ich weiß jetzt, wie uninformiert ich war. Deswegen schäme ich mich nicht, sondern deshalb, weil es niemanden zusteht, eine solche Meinung zu äußern, wenn man sich nicht richtig informiert hat.

Damals war ich aber von der Richtigkeit meiner Aussage überzeugt. Ich fand Veganer übertrieben, und verstand nicht, warum Veganer stets sagten, Vegetarier hätten zwar „einen guten Ansatz", sie würden aber „nicht weit genug denken". Eine ähnliche Aussage las ich einmal im Internet und ich dachte damals: „Meine Güte! Wie blöd! Wenn ich vegetarisch lebe, töte ich keine Tiere. Und wenn ich meine tierischen Produkte wie Eier, Käse usw. aus Freilandhaltung kaufe, ist doch alles gut!" Wie sehr muss ich heute über diese Aussage den Kopf schütteln. Wie furchtbar naiv bin ich gewesen – bis ich auf „Rettet das Huhn" und die richtige Literatur stieß.

Die Hühnerrettungen brachten einen Stein ins Rollen, der in rasantem Tempo zur Lawine wurde. Dinge wurden mir vor Augen geführt, die ich nie für möglich gehalten hatte. Und auch auf die Gefahr hin, einige Leser hier zu langweilen, da es für sie keine neuen Erkenntnisse darstellt: Es ist mir wichtig, das Thema anzureißen, da ich immer wieder auf Menschen treffe, die das Wissen, das in meinem Leben bereits selbstverständlich ist und von dem ich denke, dass es eigentlich „alle" wissen, völlig staunend aufnehmen.

Zuerst lernte ich, dass man heutzutage zwischen Lege- und Masthennen unterscheidet. Die Masthennen nehmen rasant an Tempo zu und werden schon im Alter von drei Monaten geschlachtet. Schon diese Erkenntnis jagte mir einen Schauder über den Rücken – sie werden sozusagen als Babys gegessen! Sie „dienen" nur der Fleischproduktion, daher braucht „Mensch" eben auch noch Legehennen. Diese werden nur zum Eierlegen gezüchtet – sie nehmen kaum an Gewicht zu, sind sehr dünn und zierlich und werden daher nach ihrer einjährigen Legeperiode nicht gegessen, sondern mehr oder weniger „entsorgt".

Den anderen Tieren ergeht es kaum anders; schockiert las ich von verstümmelten Schweinen und Rindern, von „Nutztieren", die nicht richtig betäubt bei lebendigem Leibe zerteilt oder in kochend heißes Wasser geworfen werden, von einer gruselig hohen Sterberate auf den Todestransporten (eigentlich Tiertransporte genannt) und vielen weiteren schaurigen Dingen. Ich denke, ich muss es nicht weiter ausführen, jeder, der Bücher lesen oder Suchmaschinen im Internet bedienen oder Fernsehen gucken kann, wird sich selbst informiert haben oder informieren können.

Mir jedenfalls war klar: Vegetarisch leben reicht tatsächlich nicht aus. Denn auch Hennen aus Bio- oder Freilandhaltungsbetrieben werden oftmals brutal ausgestallt und müssen sterben, wenn sie nicht mehr genug Eier legen. Auch Milchkühe in „guter" Haltung geben nur Milch, wenn sie Babys bekommen und diese die Muttermilch nicht bekommen. Die Liste könnte endlos fortgesetzt werden.

Klar war für mich: Um noch weniger Tierleid zu verschulden, möchte ich vegan leben.

Manchmal fällt es mir furchtbar schwer, einigen Menschen zu erklären, warum ich mich so sehr für Tiere engagiere. Natürlich gibt es Menschen, die meine Tierschutzaktivitäten für total hirnrissig halten; für sie sind Tiere eben „nur" Tiere, und es ist völlig in Ordnung, dass der Mensch sie für sich „nutzt". Ich kenne aber auch viele „tierliebe" Menschen, die ihr Haustier über alles lieben und alles für dieses Tier tun würden. Diese Menschen haben durchaus auch Mitleid mit Hunden in Tötungsstationen oder ertränkten Katzenwelpen. Sie essen aber trotzdem völlig selbstverständlich Fleisch oder andere tierische Produkte, kaufen sich ein Ledersofa oder finden ihren Mantel mit Echtpelzkragen total schick, es interessiert sie nicht, dass ihre Kosmetikartikel auf grausame Weise an Tieren getestet wurden, selbst, wenn sie die Hintergründe zu den jeweiligen „Produkten" kennen. Wenn ich versuche, sie an meinen Gedanken teil haben zu lassen, stoße ich häufig auf Grenzen – nicht nur bei den Leuten, denen ich meine Beweggründe erklären möchte, sondern letztlich auch bei mir selbst. Ich merke, mir fehlen die Worte, um die Gefühle auszudrücken, die ich gegenüber Tieren empfinde. Ich liebe Tiere, ich habe sie schon immer geliebt, seit dem ich denken kann. Wenn ich meine geretteten Tiere hier auf dem Hof beobachte – meine Hühner beim Sonnenbad, meine Hunde beim Spielen, meine Katzen beim Kuscheln – erfüllt mich manchmal eine so tiefe Liebe, dass es fast weh tut. Wer nicht schon einmal selbst dieses Gefühl empfunden hat, kann nicht verstehen, wie es sich anfühlt. Es ist allumfassendes Glück, fast schmerzhaft süß. Tiere sind Gott so viel näher als wir, so erscheint es mir häufig. Und wenn ich schon diese Gefühle nicht richtig zum Ausdruck bringen kann, wie kann ich dann in Worte fassen, was ich empfinde, wenn einem Tier Leid zugefügt wird? Es ist wie ein inneres Zerreißen, ein Aufschrei tief in meiner Seele. Ich weiß nicht, warum das so ist. Jemand sagte einmal zu mir, dass manche Tierschützer denken, sie täten etwas Gutes, wenn sie sich nicht vor dem Leid der Tiere verschließen können, aber sie würden damit das Leid doch nur vergrößern, wenn sie selbst auch leiden. Ich sage: Niemand sollte sich vor dem Leid verschließen! Genau dieses Verschließen ist doch der Kern des Problems. Wichtig ist, einen Ausgleich zu finden, also Dinge zu sehen, an denen sich das Herz erfreuen kann, und nicht nur noch einen Blick für die schrecklichen Dinge zu haben. Denn dann wird man tatsächlich verrückt. Dann vergrößert man das Leid.

Jedenfalls erkläre ich häufig interessierten Menschen, was mich eigentlich zu meiner Tier-schutzarbeit gebracht hat, und ich höre meine eige-nen Worte dann, als würde ich neben mir stehen und mir selbst zuhören; ich erzähle von den schlimmen Bedingungen, unter denen Tiere gehal-ten werden, wie der Mensch sie benutzt und sie ausbeutet. Die Worte erscheinen mir leer und tref-fen den Kern nicht. Häufig denke ich dann, dass man Tierschutz einfach irgendwie fühlen muss, anstatt über ihn zu reden. Ich sehe, dass die Menschen, denen ich meine Beweggründe offenlege, mir zuhören und auch die Worte verstehen – aber häufig erscheint es mir, dass ich ihr Herz nicht erreichen kann, weil Worte einfach nicht ausreichen, um zu beschreiben, was ich empfinde.

Meine Entscheidung, vegan zu leben, setzte ich nicht so leicht um wie den Entschluss, kein Fleisch und keinen Fisch mehr zu essen.

Ich muss gestehen, mein Freund Vincent war damals derjenige, der als Erstes über die vegane Ernährung gesprochen hat. Er war bereits seit ein paar Jahren überzeugter Vegetarier, obwohl ich ihn als Fleischesser kennen gelernt habe. Die vegane Ernährung rückte für ihn deshalb in den Vordergrund, da er sich im Rahmen seines Heilpraktikerstudiums und weiterer Ausbildungen auf dem Zweig der alternativen Heilmethoden viel mit gesunder Ernährung beschäftigte. Auch ich hatte interessante Dinge über den Konsum von Eiern und

Milchprodukten gelesen und festgestellt, dass diese Dinge nicht unbedingt gesunde Nahrungsmittel sind, wie ich immer geglaubt hatte.

Trotzdem stand ich Vincents Idee vorerst sehr skeptisch gegenüber. Ich liebte Käse und auch Produkte wie Süßigkeiten, die eben nicht milch- und/oder eifrei waren. Ich kann mich noch sehr gut an unser damaliges Gespräch erinnern. Ich ärgerte mich fast über Vincents Idee, da ich der Meinung war, wir wären als Veganer gar nicht mehr „gesellschaftsfähig". Ich warf ihm an den Kopf, dass wir doch gar nicht mehr normal wie andere Menschen essen gehen könnten – und dass wir auch bei Freunden, die uns etwas zu Essen anboten, nie wieder etwas annehmen könnten.

Es dauerte aber nicht allzu lange, bis ich das Thema wieder aufgriff und Vincent bestätigte; ich hatte begriffen, dass meine Ängste vielleicht nicht ganz unbegründet waren, aber doch zumindest nicht so überbewertet werden sollten. Ich wollte es mit der veganen Ernährung ausprobieren.

Nun, beim Ausprobieren blieb es zuerst. Anfangs fand ich es einfach furchtbar. Ich vermisste meinen Käse und meine Schokolade. Ich knickte immer wieder ein. Ich probierte es zwar mit veganer Schokolade, fand diese aber ganz scheußlich, und Vincents Argument, dass Schokolade, egal ob vegan oder nicht, ja sowieso nicht gerade zu den gesunden Nahrungsmitteln zählt und ich doch einfach so oder so darauf verzichten sollte, kam in meinem vom Zucker in Beschlag genommenen Geist nicht an. Es stimmt wohl wirklich, dass Zucker im Gehirn die gleichen Reaktionen wie Heroin auslöst. Erst, als ich im Internet las, dass das im Käse enthaltene Kasein (das ähnliche Reaktionen im Hirn freisetzt wie Morphin!), süchtig macht, war es mir zu viel. Ich dachte damals bei mir: „Also gut, du blöder Käse, jetzt kannst du mich mal! Es kann nicht sein, dass ich nicht rauche, nicht trinke, keine anderen Drogen konsumiere und dann von dir abhängig gemacht werde!" Das Eis war gebrochen. Ich war bereit für die vegane Ernährung – glaubte ich zumindest.

Trotzdem gestaltete es sich eine ganze Weile als sehr schwierig. Ich erinnere mich, wie ich manchmal am Esstisch saß und völlig verzweifelt war, weil ich total Hunger hatte und keine Ahnung hatte, was ich denn schon wieder essen könnte. Mir fehlten die Ideen, die Anlaufstellen. Zum Glück lernte ich auf Demos gegen Massentierhaltung, im Freundeskreis und über meine Tierschutzarbeit auch andere Veganer kennen und Freundinnen von mir zogen bei der veganen Ernährung mit. So entstand bald ein reger Austausch – Rezepte, leckere vegane Schokolade und Adressen von Lokalitäten, in denen es veganes Essen gibt, wurden fleißig und gerne an Gleichgesinnte weitergereicht. Es dauerte lange, fast ein Jahr, bis ich das Gefühl hatte, so viel über vegane Lebensmittel zu wissen, dass ich mich genauso problemlos ernähren konnte wie als Vegetarierin. Das lag aber sicherlich auch daran, dass ich mich nicht unter Druck gesetzt habe. Ich geißelte mich nicht dafür, wenn ich mal ein vegetarisches Produkt zu mir nahm. Das erleichterte den Übergang zur veganen Ernährung sehr, da ich niemals das Gefühl hatte, wirklich auf etwas verzichten zu müssen; ich ließ mir das Türchen auf und verzichtete nicht von heute auf morgen auf alles, wodurch ich immer das Gefühl behielt, verzichten zu dürfen, nicht zu müssen.

Auch heute esse ich ab und zu bei Freunden nicht veganen Kuchen, und vielleicht einmal im Monat ein Frühstücksei von meinen eigenen Hühnern, oder manchmal macht Vincent Pfannkuchen aus diesen Eiern. Ansonsten vergebe ich die Eier aber im Bekanntenkreis. Ich bringe es nicht übers Herz, die Eier wegzuwerfen, wie es an manchen veganen Höfen der Fall ist. Ich verstehe den Gedanken dahinter – es soll ein klares Zeichen gesetzt werden: Wir beuten die Tiere, die hier leben, nicht aus! Ich finde diese Einstellung gut und befürworte sie bis zu einem gewissen Grad. Aber ich denke mir, die Hühner sind nun einmal leider so gezüchtet, dass sie so viele Eier legen. Ich füttere meine Hühner schon so, dass sie möglichst wenig legen, aber sie legen eben trotzdem. Wenn ich könnte, würde ich irgendetwas machen, damit sie gar nicht mehr legen und so vielleicht eine noch höhere Lebenserwartung haben; aber ich kann leider nichts machen. Und dann vergebe ich die Eier lieber an Menschen, die sich nicht vegan ernähren (wollen) und verhindere so wenigstens, dass sie sich Eier aus dem Laden holen und den Teufelskreis unterstützen. Außerdem würde mir das Herz bluten, wenn ich die Eier meiner Hühner auf den Kompost werfen würde. Jedes Ei, das ich aus dem Nest hole, erscheint mir wunderschön und einzigartig. Jedes ist in Farbe und Größe anders, trotzdem erscheint mir jedes auf seine Art perfekt, wie ein Kunstwerk. Oftmals bin ich richtig ehrfürchtig, wenn ich die Eier aus dem Nest hole. Sie wegzuwerfen, käme mir vor, wie meine Hühner mit den Füßen zu treten.

11. Irgendwie eine andere Welt

Wenn ich meinen Hof verlasse, weil ich zur Arbeit muss oder andere Termine habe, fühle ich mich immer ein bisschen seltsam. Jedes Mal. Ich glaube, das wird sich auch in etlichen Jahren noch nicht geändert haben.

Es ist nicht so, dass ich ein Problem damit habe, mein Haus zu verlassen – ich unternehme gerne etwas und bin auch gerne mit anderen Menschen zusammen. Aber irgendwie ist es so, als würde ich täglich eine Reise antreten.

Einige Menschen, die mich und die Tiere hier zum ersten Mal besuchen kommen, erzählen manchmal in meiner Gegenwart anderen davon. „Es war wie in einer anderen Welt.", sagen sie. Ich verstehe, was sie meinen. Auf meinem Hof ist es nie ruhig und es herrscht viel Trubel durch die Tiere, aber es ist eben ein anderer Trubel als der, den man aus der Stadt kennt. Es wirkt also auf Menschen, die nicht auf dem Land leben und keine oder nur sehr wenige Tiere haben, als wären sie in einer fremden Welt gelandet. Lustigerweise kommt aber niemand auf die Idee, dass es umgekehrt für mich genauso ist. Verlasse ich mit dem Auto meinen Hof, ist noch alles gut, auch, solange ich noch durch die ersten Dörfer tuckere. Verändert sich die Umgebung, kommt es mir vor, als hätte ich die Grenze zu einem anderen Land durchfahren. Seit dem ich auf meinem Hof lebe, bin ich viel empfindlicher in Bezug auf Lärm geworden. Hier hört man keine Autobahnen oder andere laute Straßen. Was man hier hört, ist das zahlreiche Krähen der Hähne am Morgen – jeder von ihnen hat eine andere Stimme –, das Gackern der Hühner und Blöken der Schafe. Und Vögel. Das Zwitschern der Vögel an einem Frühlingsmorgen hier auf dem Land – es ist unfassbar! Keine laute Musik, kein Motorengeknatter, keine brüllenden Menschen, nur Geräusche der Natur.

Selbst das Einkaufen hier ist anders für mich geworden. Seit meinem Umzug aufs Dorf gehe ich fast ausschließlich in einem kleinen Bioladen im Nachbardorf einkaufen. Ich liebe es, dort zu sein!

Nicht nur, weil ich dort so viele vegane Produkte finde, sondern weil es so klein, so ruhig, so übersichtlich ist. Stefanie, die Eigentümerin, kennt mich und weiß genau, welche Dinge sie mir zurücklegen muss, weil es meine Lieblingsprodukte sind. An der Kasse hat sie immer noch Zeit für ein kleines Schwätzchen. Und fehlt einmal etwas, was ich eigentlich brauche, bestellt sie es sofort und ich kann es am nächsten Tag abholen. Einmal, ich brauchte dringend vegane Mayonnaise für meinen Geburtstag, schlug sie sogar vor, mir das Produkt aus ihrer Zweigstelle abzuholen und zu mir nach Hause zu bringen. Gehe ich gelegentlich dann doch mal in einen gängigen Supermarkt, habe ich ein bisschen das Gefühl, verrückt zu werden: Endlose Regale mit Produkten, die sowieso kein Mensch braucht, laute Musik, viele Menschen... Ich irre umher und finde nach einer halben Ewigkeit erst, was ich gesucht habe.

Wenn ich also „meine Welt" verlasse, wenn ich einen Kühlschrank mit veganen Bioprodukten, meinen Tierschutz-Freundeskreis und meine tierischen Persönlichkeiten hier auf meinem Hof hinter mir lasse, fühle ich mich in der „anderen" Welt immer etwas fremd. Dort ist es laut, es wird so selbstverständlich Fleisch gegessen („Wer hat die Ente bestellt? Die dauert noch etwas, sie wehrt sich noch.", scherzte einmal ein Kellner und alle lachten, während mir die Galle hoch kam.) und es herrscht eine Hektik, die ich von meinen Tieren nicht kenne. Diese Welt erscheint mir manchmal so kalt und fast schon grausam. Es wird immer von der „Grausamkeit der Natur" geredet, aber in der Natur konnte ich bisher keine Grausamkeit entdecken. Eher in der Welt, die ich betrete, wenn ich meinen Hof verlasse.

Für die meisten Besucher auf meinem Hof ist der Aufenthalt wie ein kleiner Abenteuerurlaub. Für ein paar Stunden verlieren sie sich gedanklich zwischen den Tieren. Häufig fällt mir auf, dass die Menschen mir plötzlich nicht mehr zuhören, so abgelenkt sind sie davon, die Tiere zu beobachten. Sicher wollen sie nicht zwangsläufig auch so leben wie ich, aber eine gewisse Faszination scheint meine Tierecke wohl doch auf sie auszuüben. Natürlich gibt es aber auch die „anderen". Die Menschen, die notgedrungen wegen einer wichtigen Sache zu mir kommen mussten, aber eigentlich nicht richtig angetan sind von dem Besuch bei mir. Die komisch gucken, wenn die Hunde – wau wau wau – auf sie zurennen und sich wie irre freuen. Sie stehen dann möglichst reglos in meinem Garten, aus Angst, in Hühnerkot zu treten. Ich lasse mir nichts anmerken, sehe aber die Kleinigkeiten: Das verstohlene Abklopfen der hellen Hose, auf der kleine Hundetapsen zu sehen sind; das leichte Nasekräuseln, wenn eine Katze um ihre Beine streicht; das Stirnrunzeln, wenn ich einen Hund auf meinem Arm knuddle und dabei verzückt quieke: „Du bist so eine kleine, süße Maus!"; der schockierte hast-du-das-gesehen-Blick, den sie tauschen, wenn ich einem Huhn einen Kuss auf den Rücken drücke. Diese Menschen erledigen schnell bei mir, wozu sie gekommen sind, der Kaffee mit Sojamilch wird mit angewidertem Gesichtsausdruck rasch heruntergespült, dann gibt es noch kurzes Händeschütteln und viel Hundegebell und dann sind sie wieder weg.

Ja, da treffen Welten aufeinander. Und einfach ist ein Leben auf einem Tierschutzhof sicher nicht.

Ich habe natürlich viel Arbeit mit so vielen Tieren und dem Tierschutz, aber tauschen möchte ich trotzdem nicht mit einem Leben in dieser anderen Welt.

Denn wenn ich wieder nach Hause fahre, geht es mir richtig gut, wenn ich die ersten vertrauten Bäume sehe, wenn ich Heu rieche und die Pferde auf der Weide sehe... Ja, das ist Zuhause, das ist Frieden, denke ich dann.

12. Der Wahnsinn des Alltags

„Telefon!"

Der Ruf hallt durchs Haus. Ich bin gerade dabei, die Tiere zu füttern und balanciere einige gefüllte Näpfe auf meinen Armen, während die Katzen kläglich miauend um mich herumscharwenzeln, als hätten sie seit Tagen (mindestens!) nichts mehr zu essen bekommen. Gleichzeitig versuche ich, mit einem Finger die Tür der Speisekammer hinter mir zuzuziehen.

Vincent steht mit dem Telefon im Flur und schaut mich erwartungsvoll an.

„Was ist?", frage ich. Endlich schaffe ich es, die Tür zu schließen.

„Anruf wegen Hühnern.", antwortet Vincent nur knapp.

Ah, es meldet sich jemand, der Hennen adoptieren möchte. Gut.

„Machst du schon mal unsere Hühner zu?", frage ich. Es wird dunkel und die Hühner haben sich bereits auf die Stangen verdrückt, und ich habe es

immer ganz gerne, wenn sie dann gleich zugemacht werden, um sie in der Nacht vor Mardern zu
schützen.

Vincent brummelt etwas, was ich als Zustim-
mung interpretiere, und geht. Ich stelle schnell das
Futter für die Katzen hin und gehe ans Telefon.

Es ist eigentlich ein Tag wie jeder andere. Nach
der Schule hatte ich ein wenig den Unterricht für
den nächsten Tag vorbereitet und einen Klassen-
satz Englischtests durchgesehen. Ich war mit den
Hunden draußen, hatte meine Hühner im Garten
laufen lassen, war mit zwei Pflegekätzchen vom
Tierschutz beim Tierarzt, hatte knapp zwei Stunden Mails beantwortet (in zwei Stunden kann ich
grob die Mails eines Tages abarbeiten, die ich wegen Tierschutz-Anfragen bekomme) und zwischendurch hatte ich auch irgendwann mal gegessen.
Jetzt musste ich die Tiere füttern – gerne nannte
ich diese abendliche Phase auch Raubtierfütterung.
Wobei abends der Aufwand deutlich geringer ist;
morgens füttere ich nicht nur alle Tiere, sondern
gebe auch noch allen frisches Wasser uns säubere

grob die Ställe. Das ist vor der Arbeit manchmal etwas stressig, aber ich fühle mich wohler dabei, wenn das alles morgens erledigt ist und ich mit dem Wissen aus dem Haus gehe, dass alle Tiere versorgt sind.

Meistens gegen Abend geht dann das Telefonklingeln los – Menschen rufen aus unterschiedlichsten Gründen an. Meist wollen sie Hennen adoptieren, manchmal brauchen sie auch Ratschläge in Bezug auf Tierhaltung oder – was fast der häufigste Grund für Anrufe und Mails ist – sie brauchen Hilfe bei der Vermittlung eines Tieres. In den meisten Fällen handelt es sich dabei um Tiere, die in der nächsten Zeit geschlachtet werden sollen. Häufig werden Nachbarn darauf aufmerksam, dass jemand seine Tiere durch Schlachtung „entsorgen" möchte, da diese plötzlich nicht mehr erwünscht sind. Zum Glück konnte ich mittlerweile ein so großes Tierschutz-Netzwerk aufbauen, dass diese Tiere in fast allen Fällen gerettet werden können. Ein riesengroßes Problem stellt nur die Vermittlung von Hähnen dar – diese können selbst über „Rettet das Huhn" niemals alle vermittelt werden.

Jedenfalls hetze ich ans Telefon und überlege dabei, dass ja auch noch ganz dringend die Spülmaschine ausgeräumt und gesaugt werden muss.

Der normale Alltagswahnsinn eben. Manchmal denke ich, dass ich der einzige Mensch bin, der sich ein solches Leben zumutet. Aber immer wieder werde ich eines besseren belehrt. Noch am Vortag hatte ich beim Bäcker im Dorf Brötchen geholt und dort Sigrid getroffen. Sigrid arbeitet nicht nur bei unserem Dorfbäcker, sie wohnt auch in der Nähe. Kennengelernt haben wir uns über „Rettet das Huhn". Sie kontaktierte mich, da sie gerne Hühner adoptieren wollte. Sigrid hat einen schönen Hof mit mehreren Pferden, Katzen und zwei Hunden. Über „Rettet das Huhn" adoptierte sie noch einige Hennen. Da wir beim Bäcker alleine waren, konnte Sigrid ihre Arbeit unterbrechen und mich zu ihrem Hahn befragen, der etwas kränkelte. Dann erzählte sie mir, dass sie die erste Zeit mit den Hühnern etwas Stress gehabt hatte; immer wieder lief eine

Henne zur Straße hin und Sigrid musste hinterher, um sie zurückzuscheuchen, damit sie nicht überfahren wurde. Diese Zeit nutzen die anderen Hühner, um den Katzen das Futter wegzufressen und die Hunde sahen ihrerseits ihre Chance, einen kleinen Ausflug vom Grundstück zu starten.

„Man war ständig mit etwas anderem beschäftigt!", stöhnte Sigrid.

Innerlich musste ich lächeln, denn ich konnte mich nur zu gut in Sigrids Lage versetzen; während ich zum Beispiel dabei bin, die Blumenerde aufzufegen, die dadurch auf den Boden gelangt ist, dass unsere Babykatzen eine Pflanze umgeworfen haben, nutzen meine Hunde die Chance, ihr Kissen im Körbchen zu zerbeißen. Manchmal hat man dann ein wenig das Gefühl, durchzudrehen. Ich kann mich dann nur damit trösten, dass es anderen Menschen mit vielen Tieren ebenso geht wie mir.

Ich beende mein Telefonat. Vincent hat Essen gekocht und wartet ungeduldig auf mich. Ich hole rasch die Hundenäpfe und schiebe nebenbei mit einem Fuß eine Schublade zu, die die Katzen sich aufgemacht hatten, um darin zu schlafen.

„Essen!" Vincent klingt ein bisschen ungeduldig. Ich füttere schnell noch die Hunde und denke bei mir, wie schön es wäre, wenn der Tag noch ein paar Stunden mehr hätte...

13. Tierschutz ohne Grenzen

„Malis spanisches Temperament kommt durch.", sage ich manchmal, wenn meine kleine Diva wieder die anderen Hunde anzickt. Oder ich rufe Maja „Chica" („Kleine"), worauf sie auch heute noch, nachdem sie, wie Mali, Spanien schon lange verlassen hat, immer noch reagiert.

Meine Henne Hilde kriegt von mir genauso einen Knuddler wie meine Katze Finchen, ich habe beide auf spezielle Art eben total lieb.

Was ich eigentlich sagen will: Manchmal verstehe ich nicht, warum manche Menschen finden, dass nur bestimmte Lebewesen schützenswert sind. Menschen sind für Menschen grundsätzlich irgendwie schützenswert. Einige Menschen sehen vom Aussterben bedrohte Tierarten als schützenswert an. Tierfreunde bestätigen mir durchaus, dass sie sogenannte Haustiere, wie Hunde und Katzen, vielleicht noch Pferde und Meerschweinchen, schützenswert finden. Selbst diese sind aber häufig der Meinung, dass sich der Schutz von Hunden doch gefälligst auf die Hunde hier in unserem Land zu beschränken hat. Als wären die Hunde in anderen Ländern nicht auch einfach nur Hunde. Über unsere sogenannten Nutztiere machen sich noch die wenigsten Menschen Gedanken, obwohl ich auch hier einen positiven Trend wahrnehme.

Wenn einige Menschen hören, dass ich zwei eigene Hunde aus dem Ausland habe, dass ich Hunde aus Polen oder Spanien bei mir in Pflege nehme und vermittle, dann höre ich meist den Satz: „Aber in unseren deutschen Tierheimen sitzen doch genug Hunde!"

Das stimmt – leider. Aber ist das ein Grund, Hunde im Ausland – sei es in Spanien, der Türkei, Griechenland, Rumänien, egal, wo man hinschaut – in Tötungsstationen vergasen zu lassen, totschlagen zu lassen, bei lebendigem Leibe verbrennen zu lassen? Ich denke, diese Frage lässt sich nur schwerlich mit Ja beantworten. Abgesehen davon, dass die Menschen, die Tiere aus dem Ausland adoptieren, häufig in deutschen Tierheimen nicht fündig geworden sind. Beim Tierschutz Landesgrenzen zu ziehen, sehe ich sehr kritisch. Ist es nicht egal, wo ich einem Wesen, das Not leidet, helfe?

Genauso unverständlich erscheint mir die Tatsache, dass sich der Tierschutzgedanken bei einigen „Tierschützern" komplett auf Haustiere beschränkt. Gerade bei Tierschutzvereinen werden bei Feierlichkeiten oder einem Tag der offenen Tür häufig Bratwurst und Co angeboten. Wie passt das zusammen? Die einen retten, die anderen essen? Warum? Weil einige Tiere zu „Nahrung" degradiert wurden, andere nicht. Dieser Gedanke ist nicht neu, aber aus meiner Sicht kann er nicht häufig genug erwähnt werden. In unserer Esskultur ist es irgendwie üblich, Hühner, Kühe und ihre Kinder sowie Schweine und ihre Kinder zu essen. In anderen Kulturen ist das nicht so. Welche Kultur hat Recht?

Häufig werde ich belächelt, wenn ich erzähle, dass ich mein Huhn oder meine Wachtel genauso habe operieren lassen, wie ich auch meine Katze oder meinen Hund operieren lassen würde, wenn es nötig wäre. Wie oft höre ich: „Tier ist eben Tier und Mensch ist Mensch." Diese Aussage ist für mich frei von jeder Logik. In meinen Augen ist jedes Lebewesen schützenswert, hat jedes Lebewesen ein Anrecht auf ein Leben ohne Leiden. Dass der Mensch mehr „wert" ist, ist eben nur aus der Sicht des Menschen (der meisten Menschen...) so. Würde man die Katze oder das Schwein fragen, sehe sich dieses Lebewesen ebenfalls klar als etwas „wert" an. Jedes Lebewesen hängt für gewöhnlich an seinem Leben und an seiner – körperlichen wie seelischen – Unversehrtheit. Daher fällt es mir sehr schwer, irgendein Lebewesen als mehr schützenswert anzusehen als ein anderes. Ich weiß, dass manchmal der Kopf über mich geschüttelt wird, da die Leute denken, ich würde meine Tiere als so etwas wie Kindersatz sehen oder vermenschlichen. Das stimmt nicht, denn ich sehe sie einfach als das, was sie sind: Lebewesen mit Rechten, einem eigenen Charakter, Vorlieben und Abneigungen, kleinen oder größeren Macken sowie liebenswerten Stärken, die sie einmalig und beseelt machen. Kürzlich sagte ich zu Vincent, dass ich manchmal tatsächlich vergesse, dass die Tiere auf unserem Hof Tiere sind – nicht in dem Sinne, dass ich sie als Menschen ansehe, sondern eher, dass es für mich keinen Unterschied macht, ob mein Huhn oder mein Pferd vor mir steht und Aufmerksamkeit möchte oder Not leidet. Ich sehe in diesem Moment einfach nur das Lebewesen, dass ich gern habe. Daher sind mir Gedanken wie: „Es ist nur ein Huhn" oder ähnliches noch nie gekommen. Es ist sehr schwer, zu erklären, was ich meine. Es ist ein bisschen so, als blicke man hinter die Hülle und würde das sehen, was dahinter ist. In diesem Moment verschwimmt die Wahrnehmung und es ist plötzlich egal, welches Wesen man vor sich hat. Vor einiger Zeit entdeckte ich das Porträt eines Affens auf einer Zeitung. Ich kann weder sagen, wie die Affenart hieß, noch, worum genau es in diesem Artikel ging – anscheinend war eine neue Affenart in Afrika entdeckt worden. Der Affe schaute nachdenklich in die Kamera, er wirkte so weise, der Blick war so, dass die meisten ihn wohl als „menschlich" bezeichnet hätten. Ich bekam eine regelrechte Gänsehaut, denn während ich das Foto betrachtete, hatte ich plötzlich gar nicht mehr das Gefühl, einen Affen zu betrachten. Natürlich war mir auch klar, dass kein Mensch auf diesem Foto abgebildet war, vielmehr war es einfach das Gefühl, einem ziemlich klugem „Jemand" in die Augen zu sehen, der schon viel Lebenserfahrung hat und ein großes Vorbild für Jüngere darstellt. Erst nach diesem „Aha-Erlebnis" konnte ich besser verstehen, wieso ich meine Tiere nicht als Tiere im Sinne von einer bestimmten Tierart sehe. Es ist so, als würde man nicht das Tier, sondern die Seele sehen.

Streng genommen ist ja auch jedes Lebewesen ein „Jemand", eine Persönlichkeit.

Gerade bei Tierschützern verstehe ich daher nicht, wie sie so genau, wie mit dem Lineal gezogen, eine Grenze zwischen schützenswerte und nicht schützenswerte Lebewesen ziehen können. Von vielen Menschen höre ich Aussagen wie: „Ich esse halt gerne Fleisch." oder „Die (Tiere) sind doch dafür gezüchtet!". Derartige Aussagen kommen mir regelrecht dumm vor, so dass mir auf solche Worte meist eigene fehlen.

Ebenso unverständlich ist es mir, wie man noch ganz bewusst regelrecht bösartige Aussagen machen kann. Vor einigen Wochen leitete mir Steffi eine Mail weiter, die als Reaktion auf unseren Notruf, dass wieder einmal über tausend Hühnern die Schlachtung drohte, bei ihr ankam. Die Mail war vollkommen leer, nur in der „Betreff"-Zeile stand ein Kommentar: „Huhn ab auf den Grill, dann hat das Huhn noch die Gewissheit, etwas Gutes getan zu haben."

Solche Aussagen regen mich nicht einmal auf, ich frage mich nur mit einem leichten Grauen, was für Menschen wohl hinter solchen Aussagen stehen.

Steffi fragte mich einmal bei einer Ausstallung, während wir die Hennen vorsichtig in die Boxen packten, was das wohl für Menschen seien, die ein Huhn brutal in die Box stopfen in der Gewissheit, dass dieses und die anderen nun zum Schlachthaus transportiert und getötet werden würden. Ich antwortete, dass solche Menschen wohl irgendwann abstumpfen, vielleicht sogar abstumpfen müssen, da sie sonst an der Sache kaputt gehen würden. Steffi meinte, dass diese Menschen wohl schon vorher abgestumpft gewesen sein müssen. Vielleicht, vielleicht auch nicht. Ich weiß es nicht, ob ein Mensch von Natur aus ein anderes Lebewesen einfach nur als Sache ansehen würde. Wie kann man erklären oder verstehen, dass es Menschen gibt, die die Hühner an den Füßen kopfüber aufhängen können, damit sie mit dem Kopf durchs Stromwasserbad gezogen werden, ganz einfach so, wie andere ihre Wäsche aufhängen? Wie kann man verstehen, dass es Menschen gibt, die kleine Ferkel aus Massenbetrieben, die zu „mickrig" sind und für die die Aufzucht sich nicht „lohnt", mehrfach an die Wand werfen, um sie so zu „entsorgen"? Wie kann man so viele andere grausigen Dinge, die „Mensch" verzapft, verstehen? Beim letzten Vogelgrippealarm hörte ich im Radio nicht einen Menschen, der die Konsequenzen für die Tiere bedauerte. Da es kurz vor Weihnachten des vergangenen Jahres war, hörte ich in Nachrichtensendungen nur die beschwichtigenden Worte, dass das Weihnachtsessen mit Gans und Co auf keinen Fall gefährdet sei und diese Tiere weiterhin bedenkenlos verspeist werden könnten. Na, puh, noch mal Glück gehabt! Da konnte „Mensch" aber aufatmen.

Manchmal wünsche ich mir, ich könne einige Menschen für einen Tag durch meine Augen sehen lassen, damit sie besser verstehen, was ich meine...

14. Mit anderen Augen sehen

Ich fahre in Gedanken versunken nach der Arbeit nach Hause. Plötzlich registriere ich, was da vor mir fährt: Der Lieferservice einer Fleischerei. Nachdenklich betrachte ich das Logo: Ein lachendes Cartoon-Schweinchen, das Würstchen im Arm hält und an die Brust drückt.

Gewiss weiß ich, dass es unterschiedliche Ansichten zum Thema Fleischverzehr gibt; und doch frage ich mich in diesem Moment, was andere Menschen wohl denken, wenn sie dieses Logo sehen. Wie widersprüchlich! Wie unsinnig! Und wie Gedanken verwirrend! Das ist das, was ich dazu denke. Ich bin schon fast fassungslos. Ein Lebewesen darzustellen, welches das Fleisch der eigenen Artgenossen freudestrahlend an die Brust drückt und den Anschein erweckt, sich darauf zu freuen, selbst geschlachtet und verzehrt zu werden. Mit Steffi war ich kürzlich zu einer Mahnwache, die auf das Elend der so genannten Nutztiere aufmerksam machen sollte, eingeladen, um dort eine Rede zu halten. Dort durften wir auch eine junge Frau kennen lernen, die als Vertreterin für „Hof Butenland" zur Mahnwache gekommen war. Hof Butenland ist ein Lebenshof oder Kuh-Altersheim. Damit ist gemeint, dass dort hauptsächlich Kühe, aber auch andere „Nutztiere", in Freiheit und ohne Ausbeutung leben dürfen. Die „butenländischen" Kühe wurden von der jungen Frau als einfühlsam, intelligent und liebevoll beschrieben. Sie erzählte außerdem, dass auf Hof Butenland auch ein Schwein namens Prinz Lui lebt. Lui hat irgendwann beschlossen, aus dem Schweinestall auszuziehen und sich ein eigenes Strohbett zu bauen. Als sie den Hof zum ersten Mal besuchte, erzählte sie, konnte sie Lui gar nicht finden – nur ein sanftes Auf und Ab des Strohs verriet ihr, dass irgendjemand darunter atmen musste. Ich hörte aufmerksam zu, als sie berichtete, dass Lui nicht nur ein eigenes Bett aus Stroh hat, sondern auch Ananas liebt, Besuchern auflauert und Einkaufstüten durchwühlt, wenn man nicht aufpasst.

Während ich so hinter dem lachenden Cartoon-Schweinchen herfahre, versuche ich, mir Prinz Lui so vorzustellen: Als lebendes Schwein, das sich den Menschen regelrecht anbietet, von diesen verzehrt zu werden. Es will mir nicht gelingen.

Leider ist es wohl so, denke ich in diesem Moment, dass die meisten Menschen nicht diese Gedanken zu dem Logo haben – vermutlich machen sich die meisten gar keine Gedanken. Sie nehmen das lachende Schweinchen mehr oder weniger unterbewusst auf und speichern es ab unter: „Toll, da kann ich gut Fleisch kaufen, das Logo war ja so niedlich und freundlich! Bestimmt geht es den Schweinen da richtig gut!" Es macht mich traurig, dass viele Menschen anscheinend mit verschlossenen Augen (oder verschlossenen Herzen?) durch die Gegend laufen. Schaut man sich mit „anderen" Augen um, verändert sich plötzlich alles. Der mobile Wurststand wird zum Leichenwagen und die Kuhmilch im Regal zur geklauten Muttermilch. Massentierhaltungen werden zu riesigen Arbeiterlagern mit versklavten Geschöpfen.

Manchmal ist es schwer, die Dinge so zu sehen. Manchmal wünsche ich mir, Käse und Eier wieder einfach als Nahrungsmittel ansehen zu können. Es kommt mir dann so vor, als gäbe es zwei Jennys; die eine, die für den Tierschutz brennt und immer weiter getrieben wird durch die positiven Rückmeldungen der Leute, die gerettete (Schlacht-)Tiere über mich adoptiert haben und mir Mut zusprechen, in dem sie meine Arbeit loben. Und dann gibt es die Jenny, die sich manchmal fragt, wie lange sie dieses Traurige noch ertragen kann. Wie oft muss ich mir anhören, dass Tiere doch ihrer „Bestimmung" zugeführt werden, wenn sie geschlachtet und gegessen werden. Es ist müßig und energieraubend, mit Menschen zu diskutieren, die diese Ansicht vertreten. Da halte ich mich doch lieber an die Menschen, die Tiere auf meine Notrufe hin aufnehmen. Denn die Notrufe nehmen nicht ab.

Tierelend gibt es an jeder Ecke, und gerade, wenn man im Tierschutz aktiv ist, wird man besonders damit konfrontiert. Irgendwer hat irgendwem irgendwann mal erzählt, was ich mache, und plötzlich rufen mich wildfremde Menschen an, oder sie mailen mir, oder sie stehen einfach bei mir vor der

Tür, alle mit Bitte um Hilfe. Da will der Nachbar seine Hähne schlachten; dort will eine Familie ihre Ziegen nicht mehr, diese sollen deshalb zum Schlachter gefahren werden; und dort ist der Besitzer von mehreren Hühnern verstorben, keiner weiß, wohin mit den Tieren; und natürlich immer wieder Fälle von lahmenden Pferden, die zum Reiten nicht mehr geeignet sind und deshalb sterben sollen... Ich vermittle, wen ich kann, und in den meisten Fällen mit Erfolg. Meine eigenen Kapazitäten sind erschöpft, da mir Weidefläche fehlt, wie oft träume ich von einem größeren Hof...

Erst kurz vor meinem Wohnort biegt der Lieferservice ab. Ich bin froh, ihn nicht mehr sehen zu müssen. Fast verstehe ich, dass Fleisch„produzenten" auf solches Marketing zurückgreifen. Traurig macht mich nur, dass die Menschen auch das sehen, was sie sehen sollen: Ein Lebewesen, das sich gerne für den Verzehr durch den Menschen aufopfert. Aufopfert? Nein, ein regelrecht Privileg scheint es für diese Tiere zu sein, gegessen werden zu dürfen! Was die Tiere auf Hof Butenland, oder auch meine Tiere zu Hause, wohl dazu sagen würden...?

Letztendlich ist es so, dass mein Antrieb doch größer ist und die negativen Gedanken nicht überwiegen. Es ist leicht, wieder Mut zu fassen, wenn die Sehnsucht größer ist als die Angst; mir wird warm ums Herz, wenn ich mein E-mail Postfach öffne und Fotos der geretteten Tiere sehe, die durch mich vermittelt wurden und die schon lange tot wären, wenn sich nicht tolle Menschen gefunden hätten, die sie adoptiert haben. Meine Sehnsucht nach diesem Anblick ist zum Glück größer als jede Angst. Auch die Angst vor dem, was ich sehe, wenn ich mit anderen Augen sehe.

15. Besuch im Kuhstall

Ich habe schon oft davon gelesen. Ich habe auch schon von anderen davon gehört. Ich erzählte selbst auch häufig anderen von dem, was ich gelesen und gehört hatte. Ich wusste, dass es „das" gibt. Ich fühlte, dass es schrecklich sein musste.

Aber es ist eine Sache, es zu lesen. Es ist eine Sache, es in Erzählungen zu hören.

Und es ist wieder eine ganz andere, es selbst zu erleben.

Ich hatte nicht erwartet, dass man mich ganz selbstverständlich in den Kuhstall lassen würde. Eigentlich hatte ich nur eine kurze, private Frage an den Landwirt stellen wollen. Dass ich eine Führung im Stall bekommen würde, hatte ich nicht gedacht.

Von draußen habe ich die Kühe bereits gesehen. Gleichmäßig kauend stehen sie da und schauen mich neugierig an. Kühe gehören zu jenen Tieren, die eine unglaublich beruhigende Ausstrahlung auf mich haben. Ich glaube, das liegt an ihren

Augen. Wer schon einmal direkt in Kuhaugen gesehen hat, weiß, was ich meine. Ihr Blick hat so etwas
sanftes, durchdringendes. Ich liebe ihre weichen
Öhrchen und die langen Wimpern an den tiefbrau-
nen Augen. Sehr eng stehen sie hier im Stall, finde
ich. Wenigstens haben sie Tageslicht, auch wenn
sie nie raus dürfen. Wenigstens haben sie frische
Luft, auch wenn sie nie auf Gras stehen werden. Ich
versuche, mit diesen Worten das Grauen abzu-
schwächen, was ich bei dem Anblick der einge-
sperrten Lebewesen empfinde. Ich entdecke auch
junge Kühe, die nur etwa halb so groß sind wie die
anderen. Sie sind in einem separaten Gehege einge-
sperrt. Wenigstens zusammen, versuche ich mich
zu trösten.

Ganz am Ende der Halle: Die Kälbchen. Ich
habe vorher noch nie ein echtes Kälbchen gesehen.
Ich kenne sie nur von Bildern. Echte Kälbchen sind
noch so viel schöner als auf dem Foto. Selbst hier,
jedes in einen engen, einzelnen Käfig gesperrt, finde ich sie noch schön. Wie viel schöner sie draußen
auf der Weide aussehen würden, denke ich, an der

Seite ihrer Mütter. Wenigstens liegen sie auf Stroh. Aber es ist zu spät. Kein Gedanke kann mich mehr trösten.

„Bekommen die Kälbchen noch Muttermilch?", frage ich die Frau des Landwirts, die gerade übergroße Fläschchen an den Gittern der Kälbchen-Käfige anbringt. Ich meine, die Antwort zu kennen, frage aber trotzdem.

Sie stutzt nicht bei dem Wort „Muttermilch".

„Der hier", sie zeigt auf ein Kalb. „ist eine Woche alt. Er bekommt Pulvermilch. Das ist nicht schlimm, das ist wie Milchersatz für Babys."

„Der" streckt neugierig sein Schnäuzchen durchs Gitter in meine Richtung. Ich streichle die warme, weiche Nase. Viel weicher als bei meinem Pferd. Er versucht, an meinen Fingern zu nuckeln.

„Diese hier ist drei Tage alt. Sie bekommt noch abgepumpte Milch von den Kühen. Und das hier", sie stupst mit dem Fuß das kleinste Kälbchen an, das furchtbar müde und irgendwie so fehl am Platz aussieht in seiner kleinen, einsamen Gitterbox, das mir das Herz ganz schwer wird. „ist gestern geboren. Es bekommt noch eine spezielle, sehr fetthaltige Milch."

Gestern geboren! Mir wird schwindelig. Ich möchte fragen, ob ich das Kälbchen auf den Arm nehmen darf, schweige aber.

Während ich kurz darauf mit dem Landwirt rede, überprüft er nebenbei den Einsatz der Melkgeschirre. Die Kühe müssen gemolken werden, höre ich immer, ihnen tut sonst der Euter weh. Nun, die Kälbchen sind ja nicht da, um die Milch zu trinken, nicht wahr? Aber „Mensch" erbarmt sich ja der armen Kühe und melkt sie... Eine Kuh hat ein großes Abszess am Bein, das allerdings behandelt wird. Man sieht, dass eine Salbe oder etwas ähnliches aufgetragen wurde.

Die Landwirtsfamilie ist nett und sehr freundlich zu mir. Sie wirken nicht, als wollen sie den Tieren etwas Schlechtes. Liegt es also an meinem Blickwinkel, das mir fast das Herz übergeht vor Traurigkeit?

Als ich gehe, schaue ich nicht noch einmal zurück. Aber ich denke noch lange an die Kälbchen.

An diese kleinen Babys, die nur wenige Stunden nach der Geburt ihren Müttern gestohlen werden. Ich denke an das ganz kleine Kälbchen, das noch nicht richtig aufstehen konnte, aber trotzdem schon mutterseelenallein in einem Käfig liegen muss. An das männliche Kalb, das an meiner Hand genuckelt hat und das nicht mehr lange leben wird, da es keine Milch gibt und somit bald zu Kalbsleberwurst oder etwas ähnlich Abartigem verarbeitet wird.

Ich weine viel in den nächsten Tagen. Ich weine um jedes einzelne von diesen Kälbchen, die Opfer der Gier des Menschen geworden sind. Ich weine um die Mütter, denen die Kinder so grausam entrissen werden. Und in jede Träne stecke ich einen kleinen Funken Hoffnung – Hoffnung darauf, dass solche Geschichten irgendwann der Vergangenheit angehören und man sich ihrer nur kopfschüttelnd erinnert.

16. Blut und Blumen

Auf einem Seminar lerne ich eine junge, nette Frau kennen. Wie ich interessiert sie sich sehr für den Inhalt des Kurses: Bachblüten und ihre Anwendung. Ich mache die Ausbildung zur Bachblütenberaterin, weil ich die Blüten in erster Linie an meinen Tieren anwenden möchte. Sie macht die Ausbildung mehr für sich selbst und ihr kleines Kind.

Sie macht einen sympathischen Eindruck, wir unterhalten uns angeregt. Ihre dunkelblonden Haare trägt sie zu einer modischen Kurzhaarfrisur und sie hat ein offenes Lachen. Sie liebt Tiere, also finden wir gut Gesprächsthemen.

In der Mittagspause kommen wir auf das Thema Ernährung. Sie schneidet es an, da ihr auffällt, dass ich viele Lebensmittel am Esstisch nicht anrühre. Ich erkläre kurz, woran das liegt.

Sie esse natürlich Fleisch, erklärt sie mir, am liebsten das, was sie selbst geschossen hat, dann „wüsste sie ja, woher es kommt". Ich bin überrascht. Ja, bestätigt sie mir, sie sei Jägerin. Wie das?, frage ich sie. Ich bin mehr als nur überrascht.

Nun, gesteht sie mir, genau genommen habe sie den Jagdschein ihrem Vater zu Liebe gemacht. Ich frage, was sie damit meint. Nun, eigentlich wollte ihr Vater lieber einen Jungen, das weiß sie. Er hat es ihr schon häufiger gesagt. Er selbst ist überzeugter Jäger, und sie machte den Jagdschein, weil sie hoffte, „ihm so irgendwie näher zu kommen". Schließlich hatte er sie nach einer bekannten Göttin der Jagd benannt, dem Namen muss man dann wohl alle Ehre machen. Die gemeinsamen Jagdausflüge scheinen sie tatsächlich etwas zusammen zu schweißen, findet sie. Anders habe sie keinen Zugang zu ihrem Vater gefunden.

Ich gestehe ihr, was ich von der Jagd halte. Sie hört ruhig zu, vermutlich wurde sie mit ähnlichen Ansichten bereits konfrontiert. Sie nickt und sagt: „Es sind nicht alle Jäger gleich. Aber ich weiß, was du meinst. Wenn ich mit den ganzen Männern zur Jagd gehe, wird mir manchmal fast übel. Sie schießen häufig stark betrunken auf Tiere." Sie schäme sich für solche Jäger, gesteht sie mir. „Und selbst, wenn sie nicht betrunken sind, kümmert es sie nicht, wenn sie ein Tier stark verwundet, aber nicht getötet haben."

Sie betont, dass sie „anders" sei. Sie sehe ihre Aufgabe darin, den Tieren zu helfen, die Schaden durch solche Jäger davontrugen. Einmal, so erzählt sie mir, wurde ein junges Reh angeschossen. Die Männer kümmerte es nicht, dass es verletzt davonlief. Sie machte sich also mit einem Jagdmesser auf Fährtensuche. Es dauerte lange, bis sie das Reh fand. Von Weitem konnte sie zuerst nicht verstehen, warum es so seltsam lief. Als sie näher kam, erkannte sie den Grund: Der Jäger hatte dem Tier ein Bein weg geschossen, das Bein hing nur noch an einer Sehne am Körper. Sie erlöste das Reh mit dem Messer.

Warum denn überhaupt Tiere geschossen werden müssen, frage ich sie. Es gäbe sonst zu viele, eine Art Überbevölkerung, erklärt sie mir. Warum die Tiere denn dann im Winter gefüttert werden, frage ich, es gäbe doch sicher eine natürliche Auslese, täte man es nicht? Sie stutzt. Darüber hätte sie noch nie nachgedacht, gesteht sie mir.

Am Ende des mehrtägigen Seminars verabschieden wir uns höflich voneinander. Nett sieht sie für mich immer noch aus, diese junge Frau. Aber es ist etwas zwischen uns, was vorher nicht da gewesen ist. Und ich denke, in einem anderen Leben, mit einem anderen Hintergrund, wären wir vielleicht Freundinnen geworden.

17. Babyalarm und Katzenjammer

Ein leises Fiepen, fast nicht als Miauen zu erkennen, weckt mich zum dritten Mal in dieser Nacht.

Pauline und Emily sind zwei Katzenwelpen, die jemand mutterlos beim Tierschutz abgegeben hat. Meine Freundin Sabine hatte gerade Dienst im Tierheim, als die beiden Kleinen abgegeben wurden. Etwas nervös rief sie mich an; sie hatte noch nie Katzenbabys mit der Flasche aufgezogen und wusste nicht, was sie machen sollte. Telefonisch trug ich ihr auf, schon einmal Wasser für die Milch aufzusetzen und setzte mich sofort ins Auto, um fünf Minuten später im Tierheim eine hibbelige Sabine und zwei jammernde Katzenwelpen vorzufinden. In Windeseile machten wir die Milch fertig und ich zeigte Sabine, wir man füttert.

Die Kleinen waren so, wie ich befürchtet hatte und wie sie fast immer sind: Viel zu jung, ich schätzte sie auf ungefähr zehn Tage alt, da die Augen gerade dabei waren, sich zu öffnen. Sie waren unterkühlt und vollkommen verfloht. Jede Minute konnte über Leben und Tod entscheiden. Es war wichtig, dass die Kleinen schnell tranken, da sie offensichtlich schon länger ohne Mutter und Nahrung irgendwo gelegen haben mussten. Zum Glück nahmen beide die Flasche gleich gut an – das habe ich leider auch schon anders erlebt.

Kurz entschlossen nahm ich die beiden Würmchen mit nach Hause.

Ich habe regelmäßig Katzenkinder bei mir in Pflege, da das Tierheim gerade im Frühjahr und in den Sommermonaten vor kleinen Katzen fast aus den Nähten platzt – und das sieht Andernorts leider auch nicht besser aus. Ich habe dann Mütter mit Welpen oder etwas ältere Katzenkinder, die ungefähr vier Wochen alt sind, bei mir. Flaschenaufzuchten kann ich nur selten annehmen, da die Kleinen alle drei Stunden gefüttert werden müssen und das mit meinem Beruf natürlich schwer kombinierbar ist. Trotzdem habe ich schon das eine oder andere Katzenkind mit der Flasche aufgezogen. In den Schulferien habe ich mir dafür Zeit genommen. Leider hat man nicht immer die Sicherheit, dass Flaschenkinder durchkommen – meine beiden ersten Flaschenkinder sind mir, trotz liebevollster Pflege, verstorben. Sie waren furchtbar klein, vielleicht drei Tage alt, und man darf einfach nicht unterschätzen, wie sehr solchen „Würmchen" die richtige Mutter fehlt. Es hat mir das Herz zerrissen, als sie nach einer Woche verstorben sind. Noch heute weine ich fast, wenn ich mir Fotos von den beiden schwarzen Kätzchen anschaue.

Aber nun sitze ich wieder auf zwei Flaschenkindern. Eigentlich war der Plan, dass ich sie ein oder zwei Tage nehme, bis eine neue Pflegestelle gefunden ist. Da aber eigentlich so ziemlich alle Pflegestellen gerade keine Möglichkeit hatten, die beiden zu nehmen, entschlossen wir uns, die Kleinen aufzuziehen.

Natürlich hat Vincent geschimpft, als er die Box mit den Babys gesehen hat. Aber es war seltsam; vom ersten Moment an schien er besonders verzaubert von den beiden, viel mehr als von anderen Katzenkindern, die bei uns zur Pflege gelebt haben.

Und da er in den nächsten Wochen, in denen die Kleinen intensivste Betreuung brauchen würden, entweder Spätdienst oder frei hatte, schlug er vor, dass er die Babys füttern könne, wenn ich bei der Arbeit bin.

„Wasch'n los?", nuschelt Vincent, als ich Licht anmache und mir die Box mit den jammernden Katzenwelpen schnappe. Ich schaue auf die Uhr: Kurz nach zwei Uhr morgens.

„Schsch...", mache ich nur, und husche auf nackten Füßen aus dem Schlafzimmer. Mali blinzelt mich verschlafen an, die anderen Hunde heben nicht mal den Kopf.

Ich schleiche die Treppe hinunter in die Küche und setze Wasser auf. Das Jammern in der Box ist lauter geworden. Meine Katzen werfen der Box missbilligende bis genervte Blicke zu.

„Seid nicht so, ihr ward auch mal klein.", rüge ich sie scherzhaft im Flüsterton.

Ich rühre das Milchpulver ins Wasser und lasse die Milch abkühlen. In dieser Zeit nehme ich ein Baby nach dem anderen aus der Box (jetzt ist das

Jammern zu Schreien geworden) und massiere ihnen mit einem Stück Küchenpapier den Bauch, damit sie sich erleichtern können. Als ich damit fertig
bin, ist die Milch so weit abgekühlt, dass ein Welpe
nach dem anderen die Flasche bekommen kann.

Zu diesem Zeitpunkt weiß ich weder, dass die
beiden später Pauline und Emily heißen werden,
noch, dass sie unser Haus nicht verlassen werden;
sie schleichen sich so in unsere Herzen, dass wir
sie behalten. Wenn sie heute durchs Haus rasen
und unsere alten Katzen zum Spielen animieren,
sind wir beide, Vincent und ich, unglaublich froh,
uns entschieden zu haben, die beiden zu behalten.
Sie schmusen und spielen auch mit unseren Hunden, denn diese haben sie sozusagen mit aufgezogen. Insbesondere Lilli und Maja haben sie regelrecht adoptiert und als kleine Babys geputzt und
behütet. Zu diesem Zeitpunkt nenne ich sie aber
noch „Strichi" und „Rotbäckchen". Die beiden win-
zigen Kätzchen sind graugetigert, haben allerdings
einen roten Strich auf der Stirn beziehungsweise

eine rote Wange, daher bekamen sie erst mal diese vorläufigen Namen von uns.

Was mich in diesem Moment natürlich beschäftigt, ist die Tatsache, dass es überhaupt so viele Katzen, besonders mutterlose Welpen, gibt. Eine Kastration der Freigängerkatzen würde ein solches Katzenelend vermeiden. Denn so niedlich Babykatzen sind – wer einmal das „Elend" der vielen Katzen beim Tierschutz miterlebt hat, sieht das ganze aus einem anderen Blickwinkel. Bei mir hat sich daraus vor allen Dingen ein Unverständnis darüber entwickelt, wie manche Menschen noch bewusst Katzen oder auch andere Tiere „produzieren" können. Auf meinem Hof vermehrt sich kein Tier, darauf achten wir oder wir unterbinden es durch Kastrationen. Ich gestehe, dass ich einmal meine Taube Penelope habe ausbrüten lassen – ich hatte sie krank vom Tierschutz übernommen, gesund gepflegt und dann zu meinen Wachteln gesetzt, womit Penelope nicht ganz zufrieden war, denn ihr fehlte Taubengesellschaft. Nun muss man dazu sagen, dass Penelope zur Rasse der „Usbekischen

Tümmler" gehörte und die Wahrscheinlichkeit, dass mir beim Tierschutz noch mal ein Usbeke begegnete, vermutlich unter Null lag, daher holte ich Penelope einen Partner beim Züchter. Ich nannte ihn Samuel und die beiden durften eben einmal brüten – der kleine Jonathan war das Ergebnis und es war unendlich schön, dieses Familienglück mitzuerleben. Allerdings ist es aber eben wohl kaum möglich, dass ein Tierschutzverein plötzlich mit Usbeken überschwemmt wird wie mit Katzen. Daher würde ich nie auf die Idee kommen, bei mir Katzen vermehren zu lassen.

Mittlerweile sind Pauline und Emily wieder eingeschlafen. Ganz ruhig und friedlich liegen sie in ihrer Box. Ich schaue auf die Uhr und stelle fest, dass ich, wenn die beiden mich das nächste Mal wecken werden, auch gleich für die Arbeit wach bleiben kann. Ich schleiche mich wieder ins Bett, kuschle mich unter meine warme Decke und denke: Ja, es ist anstrengend, aber es lohnt sich. Mit diesem Gedanken schlafe ich ein.

18. Der Wahnsinn des Alltags Teil 2

„Entschuldige, wie viele Hennen bekommt ihr noch mal?"

Wieder einmal bin ich abgelenkt gewesen, da mir von der Seite mehrere Fragen gestellt werden. Eine Reporterin der örtlichen Zeitung und ein anderer Hennenabnehmer wollten gleichzeitig etwas von mir.

„Fünf.", wiederholt die nette Familie vor mir nun schon zum dritten Mal.

Ich bin froh, dass sie Verständnis zeigen. Vermutlich kann man meine Unkonzentriertheit aber auch nur verstehen, wenn man weiß, was heute gewesen ist.

Um 3.00 Uhr morgens hat mein Tag begonnen. Nach dem Aufstehen habe ich schon alles für meine Tiere vorbereitet, damit ihr Frühstück – an mein eigenes habe ich natürlich mal wieder nicht gedacht - nach der Hennenrettung schneller für sie fertig ist. Denn genau das führen wir heute durch – eine Hennenrettung über „Rettet das Huhn".

Um kurz nach vier stand Janina, die Tierheimleiterin, bei mir vor der Tür, um ihre Hündin Ronja
bei Vincent in Obhut zu geben, da sie wieder einmal bereit ist, bei der Ausstallung zu helfen. Etwa
zwanzig Minuten später trifft meine Freundin Sarah ein. Sie ist Irin und entschuldigte sich an diesem Morgen mit ihrem typischen, liebenswerten
Akzent dafür, dass sie sich verspätet hat.

Schnell fuhren wir zum Betrieb, der nur circa
zehn Minuten Fahrt von meiner Zuhause entfernt
ist. Um 4.30 Uhr sollten wir uns dort treffen, Steffi
ist mit ihren Helfern bereits da, als wir etwas verspätet ankommen. Udo, der Betreiber, ist wie bei
jeder der Ausstallungen dabei und hilft mit. In seinen drei Ställen leben jeweils 800 Hennen, in zwei
Ställen braune Hennen, in einem weiße. Ich mag
Udo und arbeite gerne mit ihm zusammen. Oft werde ich überrascht angesehen, wenn ich positiv von
Udo rede. Die meisten Leute gehen wohl davon
aus, dass wir automatisch alle Betreiber hassen.
Mittlerweile durfte ich einige Betreiber kennen lernen, mit einem zweiten, der Bodenhaltung be-

treibt, arbeiten wir ja ebenfalls zusammen. Bei vielen standen wir vor der Tür und baten im Zusammenarbeit. In den Jahren habe ich etwas über die Eigentümer von Legehennenbetrieben gelernt: Sie sind auch alle Menschen. Und wie in jeder Berufsgruppe gibt es welche, wie Udo, die herzlich sind und sich wirklich Gedanken um ihre Tiere machen. Und es gibt eben auch „die anderen". Ich muss sie nicht mögen, aber ich muss mit ihnen zusammenarbeiten können.

Als Steffi und ich damals einen zweiten Kooperationsbetrieb gesucht haben, zusätzlich zu dem Bodenhaltungsbetrieb in NRW, aus dem wir zweimal jährlich 1600 Hennen holen, sind wir ziemlich viel durch die Gegend gefahren. Damals waren wir durch die Medien schon relativ bekannt, gerade den dreißigminütigen Bericht auf VOX bei „hundkatzemaus" über Steffi und mich hatten viele Menschen, auch viele Legehennenbetreiber, gesehen. Einigen waren wir also nicht unbekannt, als wir vor der Tür standen. Steffi und ich waren der Meinung, dass wir die Betreiber eher zur Kooperation bewegen konnten, wenn wir das persönliche Gespräch suchten. Bei den meisten kam es aber erst gar nicht zu diesem Gespräch, da uns, so mehr oder weniger, die Tür vor der Nase zugeknallt wurde. Die, die uns hereinbaten, hörten uns zwar zu, belächelten uns wohl aber innerlich ziemlich.

Ich kann mich erinnern, als sei es gestern gewesen:

Steffi und ich hatten an einem heißen Sommertag schon mehrere Betriebe abgeklappert. Wir hatten keinen Erfolg. Gerade hatten wir den letzten Betrieb von der Liste gestrichen, da wir wieder abgewiesen worden waren. Nun, nicht ganz der letzte Betrieb. Zufällig hatte ich bei meiner Recherche im Internet noch einen Stall gefunden, der sogar quasi bei mir „um die Ecke" war. Ich weiß nicht, warum ich ihn wochenlang im Internet nicht gesehen hatte und da plötzlich der Name des Betriebes stand. Vielleicht hatte das Schicksal ein Einsehen mit uns.

Jedenfalls fuhren wir an jenem heißen Sommertag zu diesem wirklich allerletzten Betrieb. Eigentlich hatten wir die Hoffnung schon aufgegeben.

Ich parkte vor dem Betrieb, Steffi und ich stiegen aus. Einen Moment standen wir ziemlich still da. Vor uns das riesige Stallgebäude und drumherum... ziemlich große Ausläufe, und wir konnten zahlreiche schneeweiße Hennen auf grünem Rasen picken sehen. Zwischen ihnen stolzierten ein paar schöne, ziemlich imposante Hähne. Ich war überrascht, denn Legehennenbetriebe kannten wir bisher eher anders.

Auf der gegenüberliegenden Seite, vor einem Wohnhaus, fegte ein älterer Herr die Einfahrt. Wir begrüßten ihn und fragten nach dem Eigentümer des Betriebes. Der Herr blickte uns aus wachen und freundlichen Augen an und erklärte, dass der Eigentümer sein Sohn sei. Wir spulten unser Programm ab, überreichten einen Flyer, erklärten, was unser Bestreben ist. Zum ersten Mal wurde uns aufmerksam zugehört. Der Herr war freundlich und geduldig mit uns und versprach, seinem Sohn von uns zu erzählen. Nach so viel abweisender Haltung, den ganzen überheblichen oder belustigten Blicken, den zugeknallten Türen, kam mir die

Freundlichkeit dieses Mannes in diesem Moment wie ein Geschenk des Himmels vor.

Und tatsächlich wurden wir nicht enttäuscht. Schon am nächsten Tag kontaktierte Udo uns. Wir trafen uns erneut am Stall. Mir fiel sofort auf, dass Udo den gleichen wachen Blick wie sein Vater hat. Er wollte ziemlich genau wissen, wie wir uns die Ausstallung vorstellten. Ich erklärte, dass wir früher mit Kaninchenkäfigen hantieren mussten, diese haben wir immer mühsam mit Holzlatten stabilisiert, damit sie – voll beladen – nicht unter dem Gewicht zusammenkrachen, dass wir aber nun, Geflügeltransportkisten angeschafft hatten. Ich glaube, ich erzählte noch eine ganze Menge mehr, und am Ende meinte Udo: „Ich sehe, dass ihr schon wisst, wovon ihr da redet." Mir wurde klar, dass er abklopfen wollte, ob wir überhaupt wussten, worauf wir uns einließen. Da wir nun aber schon seit einiger Zeit Hennen aus NRW transportierten, wussten wir sogar ziemlich genau, wovon wir redeten. Udo versprach, es sich zu überlegen.

Wir warteten gespannt, aber nicht lange. Schon am nächsten Tag rief Udo mich an und sagte: „Ich habe gestern beim Abendbrot mit meiner Frau über eure Idee gesprochen. Sie sagte: „Natürlich machst du das, na hör mal!" Also, meine Frau hat entschieden!"

So ist die Kooperation zu Udo entstanden, und sie läuft bis heute immer noch sehr gut.

So auch am heutigen Tag. Die geduldige Familie hat endlich ihre Hennen bekommen. Seit sieben Uhr morgens stehe ich auf dem Hof und verteile mit Sarah die Hennen an die Abnehmer. Janina kümmert sich um die Schutzverträge und die Spenden. Steffi, die normalerweise die Hennen mit mir ausgibt, ist heute gleich nach dem Abladen der Boxen mit dem „Rettet das Huhn – Mobil" nach Hamburg gefahren, um dort weitere 40 Hennen aus einem kleinen Freilandhaltungsbetrieb abzuholen.

Um zehn Uhr sind fast alle Hennen verteilt. Eine kleine Anzahl ist übergeblieben, es waren wohl doch ein paar mehr Hennen im Stall als gedacht. Fünfzehn Hennen werden in meinem Notstall untergebracht, ich werde mich später darum kümmern, dass sie nach und nach vermittelt werden. Als die letzten Hennenabnehmer gefahren sind, säubert und desinfiziert Janina alle Transportboxen, ich trage sie in meine Scheune und staple sie dort. Zwischendurch bekomme ich Hustenattacken, ich bin nämlich – mal wieder – erkältet. Es ist kalt, schließlich ist Januar, und Janina friert furchtbar, da ihre Kleidung vom Abspritzen der Boxen bereits komplett durchnässt ist. Mir wird ganz rührselig bei dem Gedanken, dass sie mich hier nicht hat alleine stehen lassen mit all den dreckigen Boxen. Mittags sind wir fertig, Janina fährt mit ihrer Hündin Ronja triefend nass nach Hause. Ich versorge meine eigenen Tiere, gehe mit den Hunden Gassi, putze mein Pferd und irgendwann esse ich auch was. Zwischendurch kommen Hennenabnehmer aus der Gegend und holen – auf meinen Notruf hin – einige der fünfzehn bei mir untergebrachten Hennen ab. Ab und an klingelt das Telefon – Menschen, die sich schon wieder für die nächste Hennenrettung anmelden wollen.

Abends kommt Steffi dann mit dem Transport aus Hamburg an. Die Hennen und Hähne werden von uns an die wartenden Abnehmer verteilt. Um neun Uhr abends falle ich totmüde ins Bett. Kurz schwirrt mir noch der Kopf; es sind immer noch Hennen in meinem Notstall, die ich vermitteln muss... Ich überlege, ob ich meine eigenen Hühner zugemacht habe, damit der Marder sie in der Nacht nicht holt... Ich denke an meinen Kater Tino, der Zahnweh hat und dem nächste Woche die Zähne gemacht werden müssen... Ich denke an knapp vierzig unbeantwortete Mails in meinem Posteingang, die den Tierschutz betreffen... Und daran, dass ich morgen auf keinen Fall die Diktathefte vergessen darf, wenn ich zur Arbeit fahre... Und daran, dass die nächste Hennenrettung bereits in zwei Wochen ist, da der Betreiber aus NRW spontan beschlossen hat, die Ausstallung von März auf Januar vorzuziehen... Dann schlafe ich irgendwann ein.

19. Sonnenschein

Einige Wochen nach den beiden letzten Rettungen ruft Udo mich an. In seiner neuen Herde gibt es einen Problemfall, ein Huhn ist ihm aufgefallen. Mit seinem Anruf bringt er gleich doppelt Sonnenschein in mein Leben. Wieso?

Nun, ich freue mich, dass Udo mich deswegen anruft. Für mich ist es ein Vertrauensbeweis. Häufig werden wir übers Internet oder auch persönlich von Landwirten angesprochen – sie fühlen sich durch unsere Arbeit bei „Rettet das Huhn" in die Ecke gedrängt und verteufelt. Ich aus meiner Sicht muss sagen, dass dies nie unsere Absicht war oder ist. Gewiss ist es derzeit so, dass das Thema Massentierhaltung und der Umgang mit unseren sogenannten Nutztieren immer mehr publik wird – und das ist auch gut so. Ein Umdenken hat begonnen, das sicher für keinen eine schlechte Wandlung ist. Noch nie griffen so viele Menschen zu Bio- oder Freilandprodukten, der Markt für vegetarische und vegane Lebensmittel boomt. Die Menschen machen sich Gedanken um das Tier, das hinter ihrer Milch oder ihrem Frühstücksei steht. Viele Landwirte haben begriffen, dass sie umdenken müssen, da Produkte aus Qualhaltungen sich nicht mehr so gut verkaufen. Ich finde diese Entwicklung gut. Was man daran aber auch sieht, und was ich sehr wichtig finde, ist, dass die Nachfrage eben eindeutig das Angebot bestimmt. Über Jahre oder Jahrzehnte wollte „Mensch" einfach immer nur mehr und billiger. Woher die tierischen Produkte kamen, interessierte nur wenig. Die Landwirte passten sich – zwangsläufig – an. Wie oft habe ich schon mit ehemaligen, älteren Landwirten hier aus der dörflichen Gegend geredet, die kein Verständnis für die heutige Massentierhaltung haben. Dieser „Wahnsinn" der Massentierhaltung wurde aber geboren aus der Gier der Menschen. Ich ärgere mich furchtbar darüber, wenn ich Leute sagen höre: „Die Landwirte müssen doch etwas daran ändern! Es ist so schrecklich, wie sie die Tiere halten!" oder „Die Politiker, warum machen die eigentlich nichts? Die müssten eine solche Haltung doch verbieten!" Nun, gäbe es keinen Markt für, keine Nachfrage nach bestimmten Produkten, und dann auch noch in solchen Massen, gäbe es (vermutlich) auch die Massentierhaltung nicht. Letztendlich ist es in meinen Augen der Verbraucher, der die Nachfrage bestimmt.

Aber, wie gesagt, findet derzeit ein Umdenken statt, das in die richtige Richtung geht. Viele Menschen sind plötzlich bereit, mehr Geld für tierische (und auch pflanzliche) Produkte auszugeben, wenn sie das Gefühl haben, eine bessere (keine quälerische) Haltung zu unterstützen. Der Trend, sich den Hof anzuschauen, auf dem die gekaufte Nahrung hergestellt wird, steigt, das blinde Kaufen im Supermarkt reicht immer mehr Menschen – zum Glück – nicht mehr aus.

Letztendlich ist das mein Ziel – egal ob über „Rettet das Huhn" oder über meine andere Tierschutzarbeit: Die Menschen aufzuklären und sie für das Thema sensibilisieren. Auch wenn aus meiner Sicht kein Lebewesen als „Nutztier" geboren wurde, ist es nicht konkret mein Anliegen, Landwirtschaft schlecht zu machen. Meine Kritik gilt mehr dem Verbraucher, der kauft, ohne zu hinterfragen. Landwirte, die versuchen, es „besser" zu machen, die wirklich noch kleine Betriebe mit wenig Tieren auf großen Flächen haben, können sich nicht halten und sterben aus.

Was jedenfalls meinen Tag mit Sonnenschein füllt, als Udo mich wegen einer Henne seines neuen Bestands anruft, ist die Tatsache, dass er damit ein weiteres Mal zeigt, wie gerne er mit uns kooperiert und dass er uns vertraut. Er begegnet uns mittlerweile völlig vorurteilslos und er gibt die Hennen gerne an uns ab. Es macht mich richtig glücklich, dass er nicht das Gefühl hat, wir wollen ihm oder seiner Berufsgruppe etwas Böses.

Und dann ist es noch die Henne selbst, die an diesem Tag Sonnenschein in mein Leben bringt.

Udo erklärt mir am Telefon, dass er entdeckt hat, dass eins seiner Hühner Probleme beim Laufen aufweist. Er beschreibt mir, dass das Bein wohl seltsam absteht. Das Huhn hat ein normales Gewicht (er hat es regelmäßig gewogen) und könne noch gerne eine Weile bei ihm bleiben, aber längerfristig sieht er für das Tier schon ein Problem, da es ja immerhin ein Jahr mit 800 anderen Hennen zusammen leben muss.

Man muss dazu sagen, dass Udo die Hennen, die ihm negativ auffallen, z.B. durch schlechtes Fressen oder Mattigkeit, zeitweise von der Gruppe trennt und etwas päppelt. Ich finde das toll. Geht es dem Huhn wieder besser, darf es zurück in die Gruppe. Ich vermute, dass Udo einer der wenigen Landwirte mit großen Ställen ist, der dies so handhabt, lasse mich aber gerne eines besseren Belehren. Jedenfalls bin ich beeindruckt, dass Udo sich so viele Gedanken macht.

Bei diesem Huhn ist uns beiden aber sofort klar, dass es keine gute bis gar keine Chance in einem Legehennenbetrieb hat. Die Beschreibung am Telefon hat mir gereicht und ich habe auch eine gewisse Befürchtung. Ich sage Udo, dass ich Ende der Woche vorbeischaue und die Henne abhole, um mir ihr Problem erst mal anzuschauen.

Gesagt, getan. Udo ist gerade mit seinem Vater dabei, Eier zu sortieren, als ich den Stall betrete. Udo hat das Huhn bereits in den Gang vor dem Stall geholt, dort sitzt es und guckt ziemlich munter und zutraulich in der Gegend herum. Ich sehe, dass Udo es mit blauer Farbe am Rücken markiert hat, um es aus der großen Gruppe schnell erkennen zu können. Nur so konnte er vermutlich gewährleisten, dass das Huhn regelmäßig von ihm beobachtet und gewogen werden konnte.

Als ich das linke Bein der Henne sehe, bestätigt sich meine Befürchtung, die ich bereits am Telefon hatte: Das Bein steht im rechten Winkel vom Körper ab.

„Das Bein muss gebrochen gewesen sein, wahrscheinlich schon als sie ein Küken war.", sage ich zu Udo.

Jetzt gibt es vielleicht Menschen, die diese Passage lesen und entsetzt sagen: „Du meine Güte! Ein Huhn mit nur einem funktionstüchtigen Bein! Das ist doch Quälerei, es muss sofort erlöst werden!" Da ich nun schon einige Jahre im Tierschutz tätig bin, durfte ich erfahren, dass die meisten Tiere so sehr im Hier und Jetzt leben, anders als der Mensch, der ständig die Vergangenheit betrauert und sich um die Zukunft sorgt, so dass ein fehlendes oder nicht nutzbares Bein sie viel weniger belastet als einen Menschen, dem Gliedmaßen fehlen. Sie arrangieren sich damit, weil es eben einfach so ist und sie nichts daran ändern können. Und komischerweise kommen sie mit dieser Einstellung besser durchs Leben als der Mensch mit seinem ständigen „Ja, aber..." und „Was wäre denn, wenn...". Ich habe glückliche, dreibeinige Katzen erlebt oder Hunde, die sogar nur noch zwei Beine hatten. Leon, ein querschnittsgelähmter Mischling vom polnischen Tierschutz, der kurzzeitig bei mir in Pflege lebte, eher er ein endgültiges Zuhause fand, strahlte so viel Lebensfreude aus, dass er alle Herzen im Sturm eroberte. An seinen „Rolli" gewöhnte er sich rasend schnell. Wie der Zufall es wollte, wusste ich außerdem, dass meine Freundin Corinna, die ja wie schon erwähnt einen großen Hof mit Tieren betreibt und mit Hilfe der Tiere die Persönlichkeitsentwicklung von Kindern unterstützt, einen behinderten Hahn hat, bei dem das Bein als Küken gebrochen war und der schon seit etlichen Jahren mit über den Hof läuft, obwohl sein Bein genauso absteht wie bei dem Huhn von Udo.

Für mich ist also sofort klar, besonders, als ich den wachen und zutraulichen Blick der Henne sehe, dass sie eine gute Chance hat, ein Leben als behindertes, aber glückliches Huhn zu führen.

Ich nehme sie mit nach Hause und nenne sie, weil sie durch ihr liebes und anhängliches Wesen von der ersten Sekunde an Sonnenschein in mein Leben bringt, „Little Miss Sunshine".

Dritter Teil: Und in Zukunft?

20. Die Wilde Dreizehn oder Der große Sinn des Lebens

Als ich fast auf den Tag genau vor einem Jahr damit begonnen habe, dieses Buch zu schreiben, lebten genau dreizehn Hühner bei mir, die den Spitznamen „Die Wilde Dreizehn" von mir bekommen hatten. Schon damals liebte ich es, sie zu beobachten; beim Scharren, Picken, Sandbaden – bei jeder Handlung sind sie mit jedem Sinn, jeder Faser dabei. Sie genießen dann genau diesen Augenblick, sind voll bei sich. Heute leben seit noch gar nicht so langer Zeit dreiundzwanzig Hühner bei mir, aber meine Grundidee, die ich beim Titel dieses Kapitels hatte, ist die Selbe geblieben: Vielleicht ist genau das der große Sinn des Lebens, den mir bereits vor einem Jahr meine „Wilde Dreizehn" vorgelebt hat; das Ankommen und Verweilen im Augenblick, der einfach perfekt ist, so, wie er ist. Besonders meine Henne Little Miss Sunshine führt mir das vor Augen.

Manchmal, wenn ich so viele nicht gerettete Tierseelen sehe, wenn wieder mein Postfach mit

Notrufen überschwemmt wird, stimmt mich das traurig und ich hätte gerne einen größeren Hof, einen, der umgeben ist von Weideflächen und Wiesen, auf denen gerettete Tiere ein Heim finden können. Dann kommt mir meine Arbeit so gering vor, als würde ich gar nicht viel tun für die Tiere. Dann werde ich ein bisschen traurig, da ich weiß, dass ein solcher Hof unerreichbare Zukunftsmusik ist. Aber dann sehe ich wieder meine Hühner und meine anderen geretteten Tiere hier auf meinem jetzigen Hof; sie machen sich überhaupt keine Sorgen und keine Gedanken. Für sie ist alles gut so, wie es ist. Und dann komme ich auch wieder im Hier und Jetzt an und sehe, was ich alles schon geschafft habe.

Dann stecke ich den Traum von einem großen Tierschutzhof in eine Schublade in meinem Kopf. So kann ich ihn ab und zu herausholen und doch noch mal ansehen. Ganz entsorgen möchte ich ihn dann irgendwie doch nicht...

Schlusswort

Die Dinge, die ich mir manchmal für die Zukunft erträume, machen mir zeitweise noch deutlicher bewusst, wie wichtig eigentlich die Gegenwart ist. Häufig beschäftigen die Menschen – anders als unsere Tiergefährten – sich mehr damit, an Vergangenem festzuhalten oder nur Gedanken an die Zukunft zu verschwenden. Hier, auf dem Land, und vor allen Dingen: in Gesellschaft so vieler Tiere, wird mir klar, wie wichtig der einzelne Augenblick ist. Es ist gut so, wie es jetzt ist. Ich liebe das Leben hier, trotz ständigem Auf und Ab. Manchmal, im Frühjahr oder Sommer, sitze ich tatsächlich so auf meiner Terrasse, wie ich es mir im Vorfeld so oft erträumt habe; ich trage kurze Hose und Trägertop. Es ist warm, die Sonne scheint, ich schlürfe Saft und bin barfuß. Die Hunde spielen im Garten, die Katzen räkeln sich genüsslich, die Hühner nehmen ein Sonnenbad, die Wachteln zirpen zufrieden. Hummeln brummen um mich herum, ein paar Blaumeisen sammeln das Fell, das die Hunde auf der Terrasse verloren haben, und tragen es eifrig weg; ab und an stehe ich auf, werfe den Hühnern etwas Salat zu oder kraule die Hunde. Ich fühle das Gras unter meinen Füßen. Und dann denke ich: Ja, das ist das Leben. So muss es sein. Meine Fußsohlen sind fast schwarz vom Herumrennen auf warmer Erde; in meinen geflochtenen Zopf habe ich Taubenfedern eingearbeitet; um keinen Preis in der Welt möchte ich dieses Leben gegen ein anderes eintauschen! Alles ist gut so, wie es ist.

Wie es zu diesem Buch kam

„Schreib ein Buch... Du *musst* ein Buch schreiben!"

Diesen Satz höre ich nun schon seit ungefähr vier Jahren von dem Menschen, der den größten Platz in meinem Herzen hat.

Nun, es ist richtig, ich schreibe für mein Leben gerne; schon in der Grundschule beschrieb ich seitenweise Papier mit Geschichten, die ich mir ausgedacht hatte. Ich liebte – und liebe – Fantasyromane und nachdem ich mit acht Jahren Tolkiens „Hobbit" verschlungen hatte, hatte mich dieses Werk (und später, mit zwölf, dann die „Der Herr der Ringe" Trilogie) so sehr beeindruckt und geprägt, dass mir schon im zarten Kindesalter klar war: Ich möchte Buchautorin werden!

Bis ins Studium hinein (ich studierte schließlich Lehramt, was auch absolut die richtige Entscheidung war, denn ich liebe meinen Beruf) schrieb ich ständig an Fantasyromanen – aber irgendwie brach ich bei jedem kurz vor dem Ende ab. Keiner wurde fertig gestellt.

Daher konnte ich mit der einleitenden Aufforderung lange nichts anfangen. Vor ein paar Jahren versuchte ich es noch einmal mit einem Fantaysroman, auch dieser wurde niemals fertig. Was also sollte ich, was *hatte* ich eigentlich zu schreiben? Wirklich motiviert war ich nicht. Ich sah keinen Sinn mehr darin, zu schreiben.

Doch eines Tages – es war ein, wenn ich es so ausdrücken darf, stinknormaler Samstag in den Osterferien – saß ich kuschelnd mit meiner Hündin Lilli auf dem Sofa und ich wusste: JETZT fängst du an. Und es ist kein Fantasyroman. Es ist ein Buch über das Leben selbst. Denn noch etwas anderes hat mein ganzes Leben geprägt, und zwar noch mehr, noch einschneidender, noch berührender und langanhaltender als alles andere: Meine Freunde, die Tiere.

Die zweifelnde Stimme in mir fragt sich, ob die Dinge, die ich mit Tieren erlebt habe, überhaupt von Interesse sind. Für mich sind sie so selbstverständlich, dass ich mir manchmal nicht vorstellen kann, dass diese „Geschichten" andere Menschen interessieren könnten. Aber dann sehe ich, wie Menschen schmunzelnd an meinen Lippen hängen, wenn ich von der Flaschenaufzucht von Katzenwelpen rede, oder vom Schlüpfen eines Taubenkükens. Oder davon, wie es ist, bei Minusgraden ohne fließendes Wasser auf meinem Resthof Hühner zu versorgen, da unsere Rohre eingefroren sind. Oder sie fragen mich total erstaunt: „Du hast am Wochenende 1600 Hennen abgeholt und vermittelt?" Sie wollen wissen, wie es ist, ein turbulentes Hunderudel im Haus zu haben oder Tiere selbst medizinisch zu versorgen.

Nun ist das Werk vollbracht, wie es so schön heißt. Ich habe mir alles vom Herz geschrieben, was mir wichtig war, und irgendwie ist es auch so, als sei ein Teil meines Herzens in dieses Buch geflossen. Beim Schreiben musste ich lachen und weinen und viel nachdenken und gar nicht nachdenken und Pläne schmieden und planlos sein und... Ja, und zwischendurch ganz viel durchatmen, denn es mussten ja auch weiterhin Ställe gemistet, mein Lehrerberuf ausgeübt, mit Freundinnen telefoniert, mit Hunden Gassi gegangen, Tiere gefüttert, mein Freund nicht vernachlässigt werden. Und natürlich einige tausend Tiere jährlich gerettet werden!

Rückblickend ist es mir ein Rätsel, wie diese Seiten zustande gekommen sein können. Wenn ich sie noch einmal lese, kommt es mir vor, als hätte ich mit Worten gar nicht alles wiedergeben können, was ich eigentlich ausdrücken wollte. Ich hoffe, dass trotzdem beim Leser alles so ankommt, wie es auch gedacht war.

Es sind wieder Osterferien; ein Jahr habe ich für dieses Buch gebraucht. Bis zum Schluss hatte ich Zweifel, dass ich dieses Buch tatsächlich abschließe. Aber:

Mir war klar: Egal, wer dieses Buch jemals lesen wird, wie viele Menschen es sein werden (oder wie viele eben auch nicht), dieses Buch musste geschrieben werden. Und zwei Dinge unterscheidet dieses Buch von meinen bisherigen Büchern:

Erstens: Es wurde von mir zu Ende geschrieben werden.

Und zweitens: Nichts daran ist ausgedacht – es ist das Leben selbst, das diese Geschichte schreibt.

Danksagung

Ja, es gibt sie auch hier, ganz am Ende: Die Danksagung.

Natürlich gibt es sehr viele Menschen, denen ich dafür danken kann, dass sie auf irgendeine Art und Weise zum Gelingen dieses Buchs beigetragen haben.

Als Erstes ist da natürlich der liebe Vincent zu nennen – ohne ihn hätte ich mich gar nicht hingesetzt und angefangen, deshalb danke ich ihm für seinen Respekt und seine Liebe, aber am meisten für seine Tritte in meinen Allerwertesten.

Natürlich danke ich auch meinen vielen so superlieben Freundinnen, jede ist etwas ganz Besonderes und keine möchte ich missen. Da wären: Meine wundervolle Steffi L., die Hühner so liebt wie ich. Die Powerfrauen in meinem Leben, die so große Vorbilder für mich sind: Janina B., Nannett H. und Sabine K., jede von euch ist einzigartig! Die ruhigen Seelen Claudia R. und Claudia Z., die stets auch wieder die sanfte Seite in mir zum Schwingen bringen. Und auch alle anderen meiner „guter Geister", alle Mädels, mit denen ich schon so viele schöne Geburtstage gefeiert, vegane Grillabende organisiert und Lachflashs bekommen habe. Last but not least danke ich natürlich der tollen Truppe von „Rettet das Huhn", allen voran unserer Oberglucke Katja, es war so eine Bereicherung in meinem Leben, dass ich sie damals kennen lernen durfte. Außerdem danke ich allen Menschen, die ich durch meine Tierschutzarbeit kennen lernen durfte und die mir gezeigt haben: Du bist nicht allein, es gibt auch andere wie dich. Und ich danke Kristina Günak, dafür, dass sie mir als Vollzeit-Buchautorin nicht nur per Telefon und E-mail Erste (und Zweite) Hilfe geleistet hat, sondern auch dafür, dass sie mich in meinem Anliegen überhaupt ernst genommen hat.

Aber mit größtem Respekt und absoluter Demut möchte ich keinem Menschen, sondern meinen Tierfreunden danken, denn ohne sie bestünde dieses Buch aus leeren Seiten – und mein Leben auch. Ich habe von jedem von ihnen ein Bild in meinem

Herzen, egal, ob sie noch auf dieser Erde verweilen oder nicht. Besonders danke ich meiner Seelenschwester Laila Indianerherz, meinen anderen frechen Hundedamen und allen anderen Tieren, die auf meinem Hof leben. Ich danke meinem Pferd Walido, dafür, dass er mir gezeigt hat, dass es gar nicht schwer ist, seine Angst zu überwinden. Ich danke jeder Einzelnen der Tausenden von Hennen, deren Namen ich nicht kenne, die ich aber kurz in meinen Händen halten durfte, ehe sie ins neue Zuhause gezogen sind. Und ich danke allen Tieren auf dieser Welt, dafür, dass sie sie so viel bunter machen.